四书五经

卷三

［春秋］孔子 等著
李楠 编译

旅獒①

西旅献獒，太保作《旅獒》②。

惟克商，遂通道于九夷八蛮③。西旅厎贡厥獒④，太保乃作《旅獒》，用训于王⑤，曰：『呜呼！明王慎德，四夷咸宾⑥，无有远迩⑦，毕献方物⑧，惟服食器用⑨。王乃昭德之致于异姓之邦⑩，无替厥服⑪；分宝玉于伯叔之国⑫，时庸展亲⑬。人不易物⑭，惟德其物⑮！德盛不狎侮⑯。狎侮君子⑰，罔以尽人心；狎侮小人⑱，罔以尽其力。不役耳目⑲，百度惟贞⑳。玩人丧德㉑，玩物丧志。志以道宁㉒，言以道接㉓。不作无益害有益，功乃成；不贵异物贱用物，民乃足。犬马非其土性不畜㉔，珍禽奇兽不育于国。不宝远物㉕，则远人格㉖；所宝惟贤，则迩人安。呜呼！夙夜罔或不勤㉗。不矜细行㉘，终累大德。为山九仞㉙，功亏一篑㉚。允迪兹㉛，生民保厥居，惟乃世王㉜。』

【注释】

①周武王灭商后，旅国向武王进献大犬。太保召公担心武王玩物丧志，就劝谏武王不要看重远方珍物，要敬慎德行，重用贤能，安定国家，保护百姓。本篇就是召公与武王谈话的记录。旅：西旅，西方远国。獒：一种大犬，相传身高四尺。②太保：官名，这里指召公奭。③通：开通。道：路。九夷：古代东方各民族，为：畎夷、于夷、方夷、黄夷、白夷、赤夷、玄夷、风夷、阳夷。八蛮：古代南方各民族。这里是以九夷八蛮概称四方各族，即下文的『四夷』。④厎：来。贡：进献。⑤训：开导和规劝。⑥宾：宾服，归顺。⑦无有：不论。迩：近。⑧毕：全。方物：地方土产品。⑨服食器用：指穿的吃的用的东西。⑩昭：昭示。德之致：指因德高而得到的贡品，即上文的『方物』。致，得到。异姓之邦：指异姓诸侯。⑪替：废弃。服：职事，职分。⑫伯叔之国：指同姓邦国。⑬庸：用。展亲：显示亲情。⑭易：以为易，

即轻视。⑮德其物：以德行的标准或眼光看待物。⑯狎侮：轻忽侮慢。⑰君子：这里指官。⑱小人：这里指民。⑲不役耳目：不被耳目所役使，即不沉湎于声（耳所闻）色（目所见）之中。⑳百度：百事。贞：正。㉑玩：宠爱，迷恋，偏好，戏玩。人：这里特指女色。㉒以：因。宁：定。㉓接：酬对，应对。㉔土性：土生，土产。性，即『生』。畜：养。㉕宝：以……为宝，即珍视。㉖格：到，来。㉗夙夜：早晚。或：有的。㉘矜：谨慎。细行：小德，小节。㉙仞：度量单位名，八尺为一仞。㉚亏：缺少。篑：盛土的竹筐。㉛允：诚信，真正。迪：实行。兹：这，指代上文那一番话。㉜世：世代。王：动词，为王，称王。

【译文】

西方旅国向武王进献大犬，太保召公对武王进行谏阻。史官记录下召公的谈话，撰写出《旅獒》。

周武王战胜殷商之后，又开通了通往四方各族的道路。西方旅国前来进献该国出产的一种大犬，太保召公就写了一篇训词，题为《旅獒》，用来教导、劝谏武王。召公说：『哎呀！圣明的君王在德行方面都是很谨慎的，所以四方各族都仰慕明君的圣德而前来归附，不论远近，还要向君王进献当地的特产，但是所进献的东西，只不过是些穿的、吃的、用的而已。明君接受这些贡品之后，就把这些贡品拿出来让异姓诸侯们看，并分赐给他们，为的是要他们不荒废职事；还分赐宝玉给同姓邦国，为的是以此来显示亲族之情。人们固然不能轻视那些东西，只是必须以道德的眼光看待它们。道德崇高的君王，行为是不会轻忽侮慢的。君王轻忽侮慢了官员，官员就不为他尽心；轻忽侮慢了百姓，百姓就不为他尽力。只要不沉湎于声色，各种政务就能处理得很妥当。迷恋于自己所宠爱的女色，就会败坏高尚的德行；迷恋于自己所欣赏的物件，就会丧失进取的志向。自己的志向，要凭道义加以持守；别人的言论，要依道义予以应对。不以无益的事去妨害有益的事，事业才能成功；既不看重奇珍异物，也不轻视日常用品，百姓才能富足。犬马这类东西，只要不是土生土长的，就不要畜养；即使是珍禽奇兽，只要不是土生土长的，也不在国内养育。不看重远方的物产，远方的人就会前来归附；所珍视的只是贤才，身边的人便能安居乐业。哎呀！从早到晚，不能有不勤奋的时候。不注重小节，终将损害大德。打个比方说，用土堆一座很高很高的大山，只要还差一筐土，也不能算最后完成。您如果能够真正按照这番劝告行事，百姓就能够永远安居乐业，您和您的子孙就可以世代称王于天下了。』

诗经

国风

周南

关雎[1]

（一）

关关雎鸠[2]，在河之洲[3]。窈窕淑女[4]，君子好逑[5]。

雎鸠爱侣咕咕唱，同居河内岛中央。秀美纯洁贤淑女，恰与君王配一双。

（二）

参差荇菜[6]，左右流之[7]。窈窕淑女，寤寐求之[8]。

荇菜长短绿油油，左捋右捋好温柔。秀美纯洁贤淑女，日思梦想苦寻求。

（三）

求之不得，寤寐思服[9]。悠哉悠哉[10]，辗转反侧。

苦苦寻求得不到，日思梦想好心焦。情意绵绵长不断，翻来覆去受煎熬。

（四）

参差荇菜，左右采之。窈窕淑女，琴瑟友之[11]。

荇菜长短水灵灵，左采右采好轻盈。秀美纯洁贤淑女，弹琴鼓瑟表亲情。

（五）

参差荇菜，左右芼之⑫。窈窕淑女，钟鼓乐之⑬。

荇菜长短香飘飘，左摘右摘好苗条。秀美纯洁贤淑女，敲钟击鼓乐陶陶。

【注释】

①据最新考证，《国风》中的《周南》《召南》皆东周王室诗，而不是先前所说的东西周时代长江流域诸小国诗。又据『琴瑟』『钟鼓』等事，诗中『君子』当为周王。如此，则该篇乃为周王选偶之诗。②关关：和鸣声。雎鸠：鸠类水鸟，其性深于伉俪之情。一说即鱼鹰。③河：黄河。④窈窕：美好貌。淑：善，好。⑤君子：贵族男子的通称。这里指周王。逑：配偶。⑥参差：长短不齐。荇菜：水生植物，茎细叶圆，可食用。⑦流：捞取。⑧寤：睡醒。寐：睡着。⑨服：思念。⑩悠：绵长。⑪友：亲密。⑫芼：择取。⑬钟鼓：编钟和悬鼓。王公用于祭祀、宴宾等事。《周礼·乐师》：『凡国之小事（指小祭祀）用乐者，令奏钟鼓。』『飨食诸侯，序其乐事，令奏钟鼓。』

召南

鹊巢①

（一）

维鹊有巢②，维鸠居之③。之子于归，百两御之④。

喜鹊筑巢绿树中，八哥进住细梳翎。这位姑娘要出嫁，轿车百辆大欢迎。

（二）

维鹊有巢，维鸠方之[5]。之子于归，百两将之[6]。

喜鹊筑巢绿树中，八哥占据自长鸣。这位姑娘要出嫁，轿车百辆管护行。

（三）

维鹊有巢，维鸠盈之[7]。之子于归，百两成之[8]。

喜鹊筑巢绿树中，八哥聚住满腾腾。这位姑娘要出嫁，轿车百辆助婚成。

【注释】

①新娘嫁入贵族之家，本诗以鸠占鹊巢比之。②维：语助词。③鸠：八哥。李时珍《本草纲目》：『八哥居鹊巢。』④两：同辆。御：同迓，迎接。⑤方：占有。⑥将：护卫。⑦盈：满。此句喻指陪嫁人多。⑧成：指完成婚礼。

邶风

柏舟[1]

（一）

泛彼柏舟[2]，亦泛其流[3]。耿耿不寐[4]，如有隐忧[5]。微我无酒[6]，以敖以游。

飘飘荡荡柏木舟，浮在河中顺水流。意乱心烦难入睡，心里积压无限愁。不是要喝没有酒，不是想游没处游。

（二）

我心匪鉴[7]，不可以茹[8]。亦有兄弟，不可以据[9]。薄言往愬[10]，逢彼之怒。

我心不比青铜镜，可把一切尽收容。也有同胞亲兄弟，却无一个能倚凭。本想回家去诉苦，正遇他们怒冲冲。

（三）

我心匪石，不可转也。我心匪席，不可卷也。威仪棣棣[11]，不可选也[12]！

我心不是石一块，不能由人转和移。我心不是席一领，不能由人卷和提。仪态庄严行为正，哪能随便受人欺！

（四）

忧心悄悄[13]，愠于群小[14]。觏闵既多[15]，受侮不少。静言思之，寤辟有摽[16]。

忧思重重如火燎，众妾怨怒胡缠搅。所遭苦痛难数清，忍受欺侮真不少。平心静想聚愁云，梦醒捶胸心烦恼。

（五）

日居月诸[17]，胡迭而微[18]？心之忧矣，如匪浣衣[19]。静言思之，不能奋飞！

天上日月本明媚，为何如今减光辉？心头忧患难清洗，好似脏衣聚成堆。平心静想实可叹，不能展翅向天飞！

【注释】

①一个女子不遇于丈夫、见侮于众妾，便写了这首诗以抒忧愤。②泛：漂流。③亦：语气词。④耿耿：焦虑不安貌。⑤如：同而。隐忧：深忧。⑥微：非，不是。⑦匪：同非。鉴：镜子。⑧茹：容纳。⑨据：依靠。⑩愬：同诉，诉苦。⑪威仪：威严、礼仪。棣棣：雍容娴雅貌。⑫选：同巽，屈挠退让。⑬悄悄：忧愁貌。⑭愠：怒。群小：指众妾。⑮觏：同遘，遇到。闵：苦痛。⑯寤：睡醒。辟：抚胸。摽：捶胸。⑰日、月：喻指丈夫。居、诸：语气词。⑱胡：何，为什么。迭：更迭，轮替。微：昏暗不明。⑲匪浣衣：没洗的脏衣服。浣，洗。

鄘风

柏舟①

（一）

泛彼柏舟，在彼中河②。髧彼两髦③，实维我仪④，之死矢靡它⑤。母也天只⑥，不谅人只⑦！

柏木小船忆销魂，河中波粼粼。分垂鬓发美少年，我已和他订终身，誓死不变心。老天爷，老娘亲，为啥不能体谅人！

（二）

泛彼柏舟，在彼河侧。髧彼两髦，实维我特⑧，之死矢靡慝⑨。母也天只，不谅人只！

柏木小船忆销魂，近岸草如茵。分垂鬓发美少年，我已和他结同心，誓死不离分。老天爷，老娘亲，为啥不能体谅人！

【注释】

①诗写一位姑娘要求婚姻自由，宁死不改其志。②中河：即河中。③髧：头发下垂貌。两髦：古代男子二十岁加冠，未冠前披发，额前长至眉毛，额后扎成两绺，左右各一，叫两髦。④维：是。仪：意为配偶。⑤之：到。矢：誓。靡它：没有二心。⑥只：语气词。⑦谅：体谅。⑧特：配偶。⑨慝：忒的借字，更改。

卫风

淇奥①

（一）

瞻彼淇奥②，绿竹猗猗③。有匪君子④，如切如磋，如琢如磨。瑟兮僩兮⑤，赫兮咺兮⑥！有匪君子，终不可谖兮⑦！

河湾淇水流来，绿竹一片良材。文采风流贤士，好似切磋精美，恰如琢磨细白。那么威武庄重，如此光明坦率！文采风流贤士，令人永难忘怀！

（二）

瞻彼淇奥，绿竹青青⑧。有匪君子，充耳琇莹⑨，会弁如星⑩。瑟兮僩兮，赫兮咺兮！有匪君子，终不可谖兮！

河湾淇水叮咚，绿竹一片葱葱。文采风流贤士，充耳玉色晶莹，帽上缀玉如星。那么庄重威武，那么正大光明！文采风流贤士，令人永难忘情！

（三）

瞻彼淇奥，绿毛如箦⑪。有匪君子，如金如锡，如圭如璧⑫。宽兮绰兮⑬，猗重较兮⑭！着戏谑兮⑮，不为虐兮⑯！

河湾淇水鸣琴，绿竹一片如林。文采风流贤士，金锡一般精纯，圭璧一般温馨。那么宽宏舒缓，凭车器宇凌云！谈话诙谐风趣，但不刻薄伤人！

【注释】

①这是一首赞美风流才士的诗。旧解为赞美卫武公，显得牵强。②瞻：看。淇：水名。奥：通澳、隩，流水弯曲处。③猗猗：美盛貌。④匪：通斐，有文采。⑤瑟：庄重貌。僩：威武貌。⑥赫：光明貌。咺：借为烜，盛大貌。⑦谖：萱的借字，忘忧之草，引申为忘记。⑧青青：即菁菁，茂盛貌。⑨充耳：装饰品，以丝系玉或象牙悬于冠冕两侧，下垂至耳，用以塞耳避听。琇：宝石。莹：光润晶莹。⑩会：借为琧，皮帽合缝处。弁：皮帽。如星：指玉石装饰像星星一样闪亮。⑪箦：音义同『积』。⑫圭、璧：皆为玉器。⑬宽：宽宏。绰：和缓。

⑭猗：借作倚，依凭。重较：较是古代车厢两旁板上作扶手用的曲木或铜钩。汉人称为车耳。一车有双较，故曰重。
⑮戏谑：开玩笑。⑯虐：刻薄。

王　风

黍　离①

（一）

彼黍离离②，彼稷之苗③。行迈靡靡④，中心摇摇⑤。知我者，谓我心忧；不知我者，谓我何求。悠悠苍天⑥，此何人哉！

看那黍子一行行，谷子苗儿油光光。脚下步子迟缓，心中郁闷难当。了解我的，说我忧思故乡；不了解的，说我把啥寻访。高高苍天，是谁弄得恁凄凉！

（二）

彼黍离离，彼稷之穗。行迈靡靡，中心如醉。知我者，谓我心忧；不知我者，谓我何求。悠悠苍天，此何人哉！

看那黍子头儿坠，谷子已经结新穗。脚下行步迟疑，心中昏晕如醉。了解我的，说我忧思故地；不了解的，说我把啥寻觅。高高苍天，是谁弄得恁凄厉！

（三）

彼黍离离，彼稷之实。行迈靡靡，中心如噎⑦。知我者，谓我心忧；不知我者，谓我何求。悠悠苍天，此何人哉！

看那黍子一簇簇，谷穗飘香尽成熟。脚下行步缓慢，心中如同被堵。了解我的，说我忧思故土；不了解的，说我把啥寻卜。高高苍天，是谁弄得恁凄楚！

【注释】

①《毛诗序》说：『《黍离》，闵宗周也。周大夫行役至于宗周，过故宗庙宫室，尽为禾黍。闵周室之颠覆，彷徨不忍去，而作是诗也。』这是影响最大的解释。一说为流浪人的忧愤之词。②黍：粮食作物名，粟类，果实去皮后称黄米，有黏性。离离：行列貌。③稷：粮食作物名，即粟，今北方通称谷子，果实去皮后称小米。④行迈：远行。靡靡：迟迟。⑤摇摇：同愮愮，忧闷无告。⑥悠悠：遥远。⑦噎：食物堵塞咽喉。

郑风

缁衣①

（一）

缁衣之宜兮②，敝，予又改为兮③。适子之馆兮④，还，予授子之粲兮⑤。

黑色官服多合身，破了，我再为你来更新。你去官署办公务，回来，献你饭菜味香醇。

（二）

缁衣之好兮，敝，予又改造兮。适子之馆兮，还，予授子之粲兮。

黑色官服多好看，破了，我再为你做一件。你到官署办公务，回来，献你饭菜味道鲜。

（三）

缁衣之席兮⑥，敝，予又改作兮。适子之馆兮，还，予授子之粲兮。

黑色官服大又宽，破了，我做新衣给你穿。你去官署办公务，回来，献你饭菜香又甜。

【注释】①这是一首贤妻诗。其中写丈夫在官府任职，妻子在家为他缝衣备饭，做好内助。②缁衣：黑色衣服，古代卿大夫去官署（古称私朝，即下文之『馆』）时穿用。《孔疏》：『卿士旦朝于王，服皮弁，不服缁衣。退适治事之馆，释皮弁而服，以听其所朝之政也。』宜：合身。③敝：破旧。改为：另制新衣。④适：往。馆：公馆，官舍。《郑笺》：『卿士所之之馆，在天子之宫。』⑤还：同旋，回来。授：给予。粲：上等白米。《诗集传》引『或曰』：『粲：粟之精凿者。』⑥席：宽大。

齐风

南山①

（一）

南山崔崔②，雄狐绥绥③。鲁道有荡④，齐子由归⑤。既曰归止⑥，曷又怀止⑦？

举目巍巍见南山，雄狐慢步有姻缘。鲁国大道平荡荡，文姜由此嫁鲁桓。既然已经嫁鲁桓，为何仍把旧情连？

（二）

葛屦五两⑧，冠緌双止⑨。鲁道有荡，齐子庸止⑩。既曰庸止，曷又从止⑪？

葛鞋总是成对跟，帽穗总是成双存。鲁国大道平荡荡，文姜由此嫁鲁君。既然已经嫁鲁君，为何又续旧情亲？

（三）

艺麻如之何⑫？衡从其亩⑬。取妻如之何⑭？必告父母。既曰告止，曷又鞠止⑮？

大麻应该怎样种？田垄横直有一定。妻子应该怎样娶？要告父母听命令。既告父母娶到家，为何让她又放纵？

（四）

析薪如之何⑯？匪斧不克⑰。取妻如之何？匪媒不得。既曰得止，曷又极止⑱？

应该怎样劈木柴？不用斧头破不开。应该怎样娶妻子？没有媒人得不来。既靠媒人娶妻至，为何又到齐国待？

【注释】

①本诗讽刺齐襄公的淫乱无耻。据《左传·桓公十八年》记载，齐襄公与他的同父异母妹文姜通奸，文姜嫁与鲁桓公，而仍与齐襄公关系不断。后鲁桓公与文姜同去齐国，发现了他们兄妹的奸情，斥责文姜。文姜告诉了襄公，襄公恼羞成怒，派力士彭生驾车，趁机把桓公杀死在回去的路上。齐人对襄公兽行极为愤恨，作此诗。②南山：齐国山名。崔崔：高大貌。③雄狐：李湘《诗经研究新编》：『从《毛传》《诗集传》以来，皆训狐为邪媚之兽。』按，狐在古代实际为瑞应之象。《瑞应图》：『九尾狐者，六合一同则见。』《吕氏春秋》：『禹年三十未娶，行涂山，恐时暮失嗣。辞曰：「吾之娶，必有应也。」乃有白狐九尾而造于禹。禹曰：「白者吾服也；九尾者，其证也。」于是涂山人歌曰：「绥绥白狐，九尾庞庞。成于家室，我都攸昌。」于是娶涂山女。』从这都可看出狐乃娶妻之象征。显然《南山》中『雄狐』，应是这神话观念的延续。④鲁道：去鲁国的大道。有荡：荡荡，平坦。⑤齐子：齐国的女子，指文姜。由归：从这条大道出嫁。⑥止：语气词。⑦曷：何。怀：想念。⑧葛屦：葛草编的鞋。五：同伍，同列。五两：并排成双。⑨緌：帽带的下垂部分，左右各一，以便系结，故曰『双』。诗以葛鞋、帽穗成双比喻夫妻成对，不可以乱。⑩庸：用，由。⑪从：跟从。⑫艺：种植。⑬衡从：即横纵。东西为横，南北为纵。⑭取：通娶。⑮鞠：通鞫。穷：极，穷欲纵容之意。⑯析薪：劈柴。古多以薪喻婚姻。⑰匪：通非。克：能，成功。⑱极：到。

魏风

园有桃①

（一）

园有桃，其实之殽②。心之忧矣，我歌且谣③。不知我者，谓我士也骄④。彼人是哉⑤？子曰何其⑥？心之忧矣，其谁知之！其谁知之！盖亦勿思⑦！

园中有桃，摘来可以当佳肴。心中忧闷，短歌长咏仰天啸。有人对我不了解，说我先生太骄傲。难道他们说得对？你看如何才是好？心中多烦恼，有谁能知道！有谁能知道！何如不想全忘掉！

（二）

园有棘⑧，其实之食。心之忧矣，聊以行国⑨。不知我者，谓我士也罔极⑩。彼人是哉？子曰何其？心之忧矣，其谁知之！其谁知之！盖亦勿思！

园中有枣，摘来将就能吃饱。心中忧闷，周游园内暂逍遥。有人对我不了解，说我先生违常道。难道他们说得对？你看如何才是好？心中多烦恼，有谁能知道！有谁能知道！何如不想全忘掉！

【注释】

①一个落泊寒士忧政伤时，并叹缺乏知己，隧作此诗。②之：犹『是』。殽：借为肴，烧好的菜，这里用作动词，吃的意思。③歌、谣：有乐器伴奏的叫歌，无乐器伴奏的叫谣。《毛传》：『曲合乐曰歌，徒歌曰谣。』这里泛指歌唱。④士：古代普通官员和知识分子的通称。骄：骄傲。⑤彼人：指当权贵族。是：对，正确。⑥子：指『不知我者』。

其：语气词。子曰何其：你说那些当权者怎么样。⑦盖：通盍，『何不』的合音。亦：语气词。⑧棘：枣树。⑨行国：行游于国中。指以此舒泄忧愁。⑩罔极：无常。

唐风

蟋蟀①

（一）

蟋蟀在堂②，岁聿其莫③。今我不乐，日月其除④。无已大康⑤，职思其居⑥。好乐无荒⑦，良士瞿瞿⑧。

蟋蟀进房中，转眼一年空。我今不享乐，光阴去匆匆。也别太安逸，职守要忠诚。好乐别过度，贤士警钟鸣。

（二）

蟋蟀在堂，岁聿其逝⑨。今我不乐，日月其迈⑩。无已大康，职思其外⑪。好乐无荒，良士蹶蹶⑫。

蟋蟀进房墙，转眼一年光。我今不享乐，光阴去茫茫。也别太安逸，公事多承担。好乐别过度，贤士奋图强。

（三）

蟋蟀在堂，役车其休⑬。今我不乐，日月其慆⑭。无已大康，职思其忧⑮。好乐无荒，良士休休⑯。

蟋蟀进房间，归车便悠闲。我今不享乐，光阴去不还。也别太安逸，为国分艰难。好乐别过度，贤士得安然。

【注释】

①这是一首岁暮感怀之作，其中表现出及时行乐和谨其职守的双重思想。姚际恒《诗经通论》云：『乃士大夫之诗也。』②蟋蟀在堂：表明天寒岁暮。《豳风·七月》：『七月在野，八月在宇，九月在户，十月蟋蟀，入我床下。』

其中的『在户』，即同本诗的『在堂』。周代建子，以十月为岁暮。③聿：同曰，语助词。莫：古暮字。其莫：意即将尽。④日月：指时光。除：去。⑤已：过甚。大：通太，泰也。康：安乐。⑥职：尚，还要。居：指所处的职位。⑦好：爱好。荒：过度。⑧瞿瞿：惊顾貌。这里表示警惕之意。⑨逝：过去。⑩迈：行，逝去。⑪外：职务以外的事。⑫蹶蹶：敏捷貌。引申为勤奋。⑬役车：服役之车。其休：将要休息。⑭慆：逝去。⑮忧：忧患。《郑笺》：『忧者，谓邻国侵伐之忧。』⑯休休：安闲自得、乐而有节貌。

秦风

车邻①

（一）

有车邻邻②，有马白颠③。未见君子④，寺人之令⑤。

车子传来辚辚声，白额骏马响銮铃。尚未见到夫君面，打发侍者去接迎。

（二）

阪有漆⑥，隰有栗⑦。既见君子，并坐鼓瑟⑧。今者不乐，逝者其耋⑨！

山坡漆树生，洼地栗子红。欣然又见夫君面，并坐弹瑟喜融融。今不及时来行乐，将来很快变老翁！

（三）

阪有桑，隰有杨。既见君子，并坐鼓簧⑩。今者不乐，逝者其亡！

山坡桑叶浓，洼地杨柳青。欣然又见夫君面，并坐一起奏簧笙。今不及时来行乐，将来一死万事空！

【注释】

①这是一位贵族妇女咏唱其夫妻生活的诗，及时行乐是其思想主旨。一说此为赞美在秦国历史上有开创之功的大夫秦仲。②邻邻：车行声。③白颠：白额，马额当中有块白毛。颠，顶。④君子：指她丈夫。⑤寺人：官名。寺，通侍。寺人即侍候王公贵人的人。寺人之令：命令寺人，意即命寺人去通禀她丈夫。之，是。⑥阪：山坡。漆：树名。⑦隰：低湿之地。以上二句是《诗经》中常见的表示情爱的起兴用语。⑧鼓：弹奏。⑨逝者：将来。俞樾《群经平议》：『逝者对今者言，今者谓此日，逝者谓他日也。逝，往也，谓过此以往也。』耋：八十岁曰耋，泛指老。⑩簧：古乐器名。

陈　风

宛　丘①

（一）

子之汤兮②，宛丘之上③。洵有情兮④，而无望兮⑤。

你的舞步荡如风，宛丘高地展姿容。心中对她实爱慕，想要通好却不能。

（二）

坎其击鼓⑥，宛丘之下。无冬无夏，值其鹭羽⑦。

敲起皮鼓咚咚响，表演宛丘高地旁。不论严冬与盛夏，手挥鹭羽舞徜徉。

（三）

坎其击缶⑧，宛丘之道。无冬无夏，值其鹭翿⑨。

敲起瓦盆响叮咚，表演宛丘道路中。不论严冬与盛夏，手挥鹭羽舞不停。

【注释】

①诗写一男子对一巫女的爱慕。《汉书·地理志》："周武王封舜后妫满于陈，是为胡公。妻以元女大姬。妇人尊贵，好祭祀，用史巫，故其俗巫鬼。《陈诗》曰「坎其击鼓」云云「又曰」东门之枌「云云」此其风也。"说明了陈国的好巫遗风和本诗特点。诗中之『子』经常跳舞，『无冬无夏』，则说明她是一位以降神为业的专职舞女。②子：指巫女。汤：同荡，摇摆，形容舞姿。③宛丘：丘名，在陈国都城（今河南淮阳）东南，陈人游观之地。④洵：真，确实。⑤望：指结好的希望。⑥坎其：即坎坎，象声词。⑦值：持，或戴。鹭羽：用鹭鸶羽毛制成的舞具，扇形或伞状，可持手中或戴头上。⑧缶：瓦盆，用为乐器。⑨鹭翿：即鹭羽。

桧风

羔裘①

（一）

羔裘逍遥②，狐裘以朝③。岂不尔思？劳心忉忉④。

身穿羔裘去兜风，更换狐裘上朝廷。难道我不把你想？心事重重忧虑生。

（二）

羔裘翱翔⑤，狐裘在堂⑥。岂不尔思？我心忧伤。

身穿羔裘四处逛，更换狐裘上朝堂。难道我不把你念？令人心中好忧伤。

（三）

羔裘如膏⑦，日出有曜⑧。岂不尔思？中心是悼⑨。

身穿羔裘似油亮，太阳照射闪光芒。难道我不把你盼？令人心中哀怨长。

【注释】

①诗写一位贵族女子因失宠独处而深深忧伤。②逍遥：游逛。③朝：上朝。④忉忉：忧劳貌。⑤翱翔：亦指游逛。⑥堂：朝堂。⑦膏：油脂。如膏：形容光亮。⑧曜：同耀，闪光。⑨悼：哀伤。

曹风

蜉蝣①

（一）

蜉蝣之羽②，衣冠楚楚③。心之忧矣，于我归处④。

蜉蝣羽翅半透明，好比衣裳美又轻。朝生暮死兴悲叹，和我归宿本相同。

（二）

蜉蝣之翼，采采衣服⑤。心之忧矣，于我归息。

蜉蝣羽翼薄微微，好比衣裳闪光辉。朝生暮死怀忧虑，和我同在一处归。

（三）

蜉蝣掘阅⑥，麻衣如雪⑦。心之忧矣，于我归说⑧。

蜉蝣穿穴到人间，麻衣如雪白色鲜。朝生暮死心忧郁，和我共同下黄泉。

【注释】

①这是一首叹息人生短暂的诗。有人说这是没落贵族的思想，有人说这是劳苦大众的思想。其实人生的相对短促是普遍的，如无确凿根据而径指为某一类人，只能是妄加猜测。②蜉蝣：虫名，体小而软，翅薄透明，常在夏天日落后成群飞舞。成虫生命短促，朝生暮死。③楚楚：鲜明整洁貌。此句是以衣裳比喻蜉蝣美丽的翅膀。④于：即与。归处：指死亡。下文『归息』，『归说』义同。⑤采采：华美。⑥掘：穿。阅：通『穴』。指蜉蝣初生时穿穴而出。⑦麻衣：指蜉蝣羽翼。⑧说：止息。

豳风

七月①

（一）

七月流火②，九月授衣③。一之日觱发④，二之日栗烈⑤。无衣无褐⑥，何以卒岁⑦？三之日于耜⑧，四之日举趾⑨。同我妇子⑩，馌彼南亩⑪。田畯至喜⑫。

七月火星向西沉，九月寒衣交与人。十一月北风呼呼响，十二月寒气冷森森。农夫若无粗布袄，如何支撑到年根？一月动手修农具，二月下地去耕耘。老婆孩子随我后，田间送饭给农人。田官一见喜在心。

（二）

七月流火，九月授衣。春日载阳⑬，有鸣仓庚⑭。女执懿筐⑮，遵彼微行⑯，爰求柔桑⑰。春日迟迟⑱，采蘩祁祁⑲。

女心伤悲，殆及公子同归⑳。

七月火星向西斜，九月寒衣交农家。春日红艳艳，黄莺歌声发。女儿臂上细筐挎，沿着小路弯又斜，一路采摘嫩桑芽。春季天长手勤快，采集白蒿多如花。女儿心中怀忧虑，陪嫁公子难回家。

（三）

七月流火，八月萑苇㉑。蚕月条桑㉒，取彼斧斨㉓，以伐远扬㉔，猗彼女桑㉕。七月鸣鵙㉖，八月载绩㉗。载玄载黄㉘，我朱孔阳㉙，为公子裳。

七月火星偏西方，八月芦苇该收藏。三月要把桑树剪，拿来斧头明光光，砍掉长枝杈，采摘青嫩桑。七月伯劳叫，八月纺织忙。染色黄黑不一样，我染朱红亮堂堂，来为公子做衣裳。

（四）

四月秀葽㉚，五月鸣蜩㉛。八月其获㉜，十月陨萚㉝。一之日于貉㉞，取彼狐狸，为公子裘。二之日其同㉟，载缵武功㊱。言私其豵㊲，献豜于公㊳。

四月远志结子稠，五月鸣蝉声悠悠。八月忙收获，十月落叶秋。十一月把貉子打，捕捉狐狸毛皮收，来为公子做狐裘。十二月里众人聚，继续打猎四郊游。留下小兽自己用，选出大兽送公侯。

（五）

五月斯螽动股㊴，六月莎鸡振羽㊵。七月在野㊶，八月在宇㊷，九月在户，十月蟋蟀入我床下。穹窒熏鼠㊸，塞向墐户㊹。嗟我妇子，曰为改岁㊺，入此室处㊻。

五月蚱蜢蹦，六月蝈蝈鸣。七月蟋蟀在田野，八月檐下避秋风，九月进门内，十月床下停。清除垃圾熏老鼠，北窗房门用泥封。呼我妻子和儿女，将来新年到门庭，正好住进此房中。

（六）

六月食郁及薁[47]，七月亨葵及菽[48]。八月剥枣[49]，十月获稻。为此春酒[50]，以介眉寿[51]。七月食瓜，八月断壶[52]，九月叔苴[53]。采荼薪樗[54]，食我农夫。

六月吃郁李野葡萄，七月把葵菜豆子烧。八月打枣，十月割稻。酿造春酒芳香，换取人生不老。七月摘下瓜来尝，八月摘下葫芦炒，九月麻子往回抱。苦菜挖来柴砍下，农夫生活供开销。

（七）

九月筑场圃[55]，十月纳禾稼[56]。黍稷重穋[57]，禾麻菽麦[58]。嗟我农夫，我稼既同[59]，上入执宫功[60]。昼尔于茅[61]，宵尔索绹[62]。亟其乘屋[63]，其始播百谷[64]。

九月开圃改旧场，十月缴纳各种粮。黍子谷子饱，米麻豆麦香。呼我农夫听端详，庄稼话计已完事，室内工作要加强。白天割茅草，夜里搓绳忙。快把房屋来修缮，然后春播好开张。

（八）

二之日凿冰冲冲[65]，三之日纳于凌阴[66]。四之日其蚤[67]，献羔祭韭[68]。九月肃霜[69]，十月涤场[70]。朋酒斯飨[71]，曰杀羔羊[72]。跻彼公堂[73]，称彼兕觥[74]，万寿无疆！

腊月凿冰咚咚响，正月送进冰窖藏。二月取冰行祭礼，羔羊韭菜献上方。九月秋气爽，十月扫净场。两坛新酒捧上，宰好肥嫩羔羊。参加集体宴会，高举兕杯响丁当，祝福万寿无疆！

【注释】

①本诗歌颂了一部分上层人士的生活。作者为自己的女儿将陪国君的女儿出嫁而感到荣幸，为自己能向国君奉献野兽、缴纳谷物、参加国君的年终宴会而感到自豪，同时又表白了自己对农夫的关心。②七月：夏历七月。流：下行。火：星名，又名大火，即心宿。每年夏历五月的黄昏时候，此星出在正南方，且位置最高。六月以后便向西斜，七月更加下行，即所谓『流火』。③授衣：把冬衣做好交给农人。④一之日：周历一月的日子。周历一月即夏历十一月。下文『二之日』『三之日』『四之日』则分别为夏历十二月、一月、二月。夏历三月改称为春，而不称『五之日』。皮锡瑞《经学通论》：『此诗言月者皆夏正，言一、二、三、四之日者皆周正，改其名不改其实。』戴震《毛郑诗考证》：『周时虽改为周正，但民间农事仍沿用夏历。』觱发：大风之声。⑤栗烈：形容气寒。⑥褐：粗毛布，这里指粗布衣。⑦卒岁：过完一年。卒：终。⑧于：为，指修理。耜：翻土农具。⑨举趾：下田耕作。趾，脚。⑩同：会合一道。⑪馌：送饭。南亩：泛指田地。⑫田畯：负责监督农事的田官。⑬春日：指夏历三月。载：开始。阳：暖和。⑭有：语助词。仓庚：鸟名，即黄莺。⑮懿筐：精致的小筐。⑯遵：沿。微行：小路。⑰爰：乃，于是。柔桑：嫩桑叶。⑱迟迟：犹缓缓，形容日长。⑲蘩：草名，又名白蒿，祭祀用品。祁祁：众多貌。⑳殆：始。公子：公侯之子，这里指鲁国国君的女儿。同归：指陪同国君的女公子出嫁。㉑萑苇：获草和芦苇。这里省略了收割之类的动词。㉒蚕月：养蚕的月份，指三月。条桑：修剪桑枝。㉓斧斨：斧类工具。古人称柄孔圆的叫斧，柄孔方的叫斨。㉔远扬：指过长过高的桑枝。㉕猗：借为掎，摘取。女桑：

嫩桑叶。㉖鵙：鸟名，又名伯劳、子规、杜鹃。㉗载：开始。绩：纺。此句是说蚕丝之事完毕，而绩麻织布开始。㉘载：又是。玄：黑色。此句指为丝麻染色。㉙朱：红色。孔：甚。阳：鲜明。㉚秀：长穗结子。葽：草名，今名远志，可以药用。㉛蜩：蝉。㉜其获：庄稼将要收获。㉝陨：坠落。萚：落叶。㉞于：取。貉：兽名，似狐而较胖，尾较短，亦称狗獾。㉟同：会合，指聚众打猎。㊱载：乃。缵：继续。武功：指狩猎。㊲言：语助词。私：私人占有。豵：一岁的小猪，这里泛指小兽。㊳豜：三岁的大猪，这里泛指大兽。公：公府，贵族。㊴斯螽：虫名，即蚱蜢。动股：指跳。股，腿。㊵莎鸡：虫名，即纺织娘。振羽：展翅而飞。㊶野：田野。此下四句皆写蟋蟀。㊷宇：屋檐。㊸穹窒：清除壅塞。熏鼠：以柴草烧烟熏鼠洞。㊹塞：堵塞。向：朝北的窗子。墐户：用泥涂抹门缝。古代民家编柴木为门，涂上泥可以防风御寒。此上二句写收拾破屋准备过冬。㊺曰：发语词。改岁：更改年岁，指过年。㊻处：住。㊼郁：灌木名，果实名郁李。薁：野葡萄。㊽亨：『烹』的本字，煮。葵：菜名。菽：豆子。㊾剥：通扑，打。㊿春酒：冬季酿酒，春季始成，所以叫春酒。(51)介：求。眉寿：人老时，眉上有长毛，称秀眉，故称长寿为眉寿。(52)断：摘下。壶：葫芦。(53)叔：拾取。苴：麻子。(54)荼：苦菜。薪樗：伐樗当柴烧。樗，臭椿。(55)圃：菜园。场圃：在菜园上修成打谷场。古代菜园平时种菜，收获季节轧实作场地，所以称场圃。(56)纳：缴纳。(57)黍、稷：都是谷物名。黍性黏，稷性不黏。稷即粟，又称谷子。重：同穜，早种晚熟的谷。穋：同稑，晚种早熟的谷。(58)禾：谷的一种。(59)同：收齐，集中。(60)上入：指结束田间劳动而回到城邑。《毛传》：『入为上，出为下。』宫功：指室内劳动。《说文》：『宫，室也。』(61)尔：你，你们，指农夫。于：取。茅：茅草。(62)宵：夜里。索绹：搓绳子。(63)亟：同急，赶快。乘屋：修理房屋。《说文》：『乘，覆也。』(64)其始：将要开始。

⑥⑤冲冲：凿冰的声音。⑥⑥凌阴：冰窖。⑥⑦蚤：古『早』字。早是一种祭祖仪式，每年二月初一举行。⑥⑧羔：羊羔。韭：韭菜。二者都是祭品。古代藏冰、取冰都要祭祀。《礼记·月令》：『仲春之月……天子乃鲜（献）羔开冰。』⑥⑨肃霜：天高气爽。霜同爽。⑦⓪涤场：清扫场地。是说农业结束。⑦①朋酒：两壶酒。斯：语助词。飨：以酒食待客。⑦②曰：发语词。⑦③跻：登上。公堂：公众集会场所。⑦④称：举起。兕觥：一种状似卧伏兕牛的酒器。

小雅

鹿鸣之什

鹿鸣①

（一）

呦呦鹿鸣②，食野之苹③。我有嘉宾，鼓瑟吹笙。吹笙鼓簧④，承筐是将⑤。人之好我⑥，示我周行⑦。

呦呦鹿儿鸣，野地吃青苹。我请好宾客，鼓瑟又吹笙。鼓簧奏清乐，捧筐把礼赠。宾客喜爱我，指我大道行。

（二）

呦呦鹿鸣，食野之蒿⑧。我有嘉宾，德音孔昭⑨。视民不恌⑩，君子是则是效⑪。我有旨酒⑫，嘉宾式燕以敖⑬。

呦呦鹿儿叫，野地吃青蒿。我有好宾客，德重声名高。待人真宽厚，君子来仿效。我处有美酒，嘉宾共逍遥。

（三）

呦呦鹿鸣，食野之芩⑭。我有嘉宾，鼓瑟鼓琴。鼓瑟鼓琴，和乐且湛⑮。我有旨酒，以燕乐嘉宾之心。

呦呦鹿儿叫，野地吃青芩。我请好宾客，鼓瑟又弹琴。鼓瑟又弹琴，开怀乐沉沉。我处有美酒，嘉宾共欢欣。

【注释】

①这是一首周王宴会宾客的诗。全诗三章，皆以鹿鸣起兴，引发呼唤同伴的意象，从而使全诗洋溢着一种庄敬和乐的气氛。此诗在先秦时代即已被扩大用为贵族宴饮乐歌。②呦呦：鹿鸣声。③苹：皤蒿。李时珍《本草纲目》：

『苹即陆生皤蒿，俗呼艾蒿。』一说为扫帚草。④簧：笙中的薄片，这里指笙。鼓簧亦即吹笙。⑤承：捧。筐：盛币帛的竹器。将：送。⑥人：指客人。好我：犹爱我。⑦示：指示、告诉。周行：大道。比喻大道理。⑧蒿：植物名，又名青蒿、香蒿。⑨德音：好品德，美名。孔：甚。昭：明。⑩视：《郑笺》：『视，古示字也。』恌：同佻，轻薄、刻薄。⑪君子：指上层人物。则：准则。效：仿效。⑫旨酒：美酒。⑬式：语助词，无义。燕：通宴，宴会。以：而。敖：古遨字，即游。这里指行动自由舒畅。⑭芩：蒿类植物。⑮湛：借为媅，尽兴之意。朱熹《诗集传》：『湛，乐之久也。』

南有嘉鱼之什

南有嘉鱼①

（一）

南有嘉鱼②，烝然罩罩③。君子有酒，嘉宾式燕以乐④。

南方美鱼在江汉，成群游水真好看。主人有酒家中藏，嘉宾相聚共欢宴。

（二）

南有嘉鱼，烝然汕汕⑤。君子有酒，嘉宾式燕以衎⑥。

南方美鱼江汉生，成群游水好姿容。主人家中藏美酒，欢宴嘉宾乐无穷。

（三）

南有樛木⑦，七瓠累之⑧。君子有酒，嘉宾式燕绥之⑨。

南方有树大又高，葫芦藤儿挂枝条。主人热情献美酒，欢宴嘉宾乐陶陶。

（四）

翩翩者鵻[10]，烝然来思[11]。君子有酒，嘉宾式燕又思[12]。

黄莺鸣啼舞翩翩，成群飞聚绿树间。君子有酒飘香气，嘉宾痛饮乐无边。

【注释】

①这是一首宴会嘉宾的诗。②南：指南方江汉一带。嘉鱼：好鱼。③烝：众多。罩罩：鱼游之态。④式：语助词。燕：通宴，酒宴。以：同而。⑤汕汕：鱼游之态。⑥衎：欢乐。⑦樛木：高树。⑧瓠：葫芦。累：缠挂。⑨绥：安乐。⑩鵻：鹁鸪。⑪思：语气词。⑫又：古通『侑』，指劝酒。

鸿雁之什

鸿雁[1]

（一）

鸿雁于飞[2]，肃肃其羽[3]。之子于征[4]，劬劳于野[5]。爰及矜人[6]，哀此鳏寡[7]。

鸿雁飞长空，沙沙翅有声。使臣出行远，辛苦四野中。救济到贫困，鳏寡受同情。

（二）

鸿雁于飞，集于中泽[8]。之子于垣[9]，百堵皆作[10]。虽则劬劳，其究安宅[11]。

鸿雁飞长空，落在沼泽中。使臣出行远，筑墙百堵成。虽然很劳累，难民得安生。

（三）

鸿雁于飞，哀鸣嗷嗷[12]。维此哲人[13]，谓我劬劳；维彼愚人，谓我宣骄[14]。

鸿雁飞长空，嘎嘎在哀鸣。只有贤明士，知我有苦功；那些愚昧者，说我爱逞能。

【注释】

①厉王时期，内部暴虐黑暗，外部俨狁入侵，百姓流离，不得安居。宣王中兴，派使臣四出招抚难民，加以安顿，诗记其事。前二章写使臣的辛苦，末章是使臣的自白。②鸿：大雁。于：语助词。③肃肃：翅膀振动声。④之子：指周王派出的赈济使臣。于：往。征：远行。⑤劬劳：辛苦劳累。⑥爰：犹乃。矜人：受苦人。⑦鳏：老而无妻的人。寡：寡妇。鳏寡：泛指难民。⑧中泽：沼泽之中。⑨垣：墙，此指筑墙。⑩百：言其多。堵：指墙。作：指筑起。⑪究：穷，指穷苦的人。安宅：安居。⑫嗷嗷：哀鸣声。⑬哲人：智者。⑭宣骄：逞强。骄，即矫。《中庸》：『强哉骄。』

节南山之什

节南山①

（一）

节彼南山②，维石岩岩③。赫赫师尹④，民具尔瞻⑤。忧心如惔⑥，不敢戏谈。国既卒斩⑦，何用不监⑧？

巍巍高峻终南山，山石堆积在重峦。太师尹氏声威大，人民对你侧目看。心中忧愤如火燎，时政不敢随便谈。国运断绝危机重，全不察看为哪般？

（二）

节彼南山，有实其猗⑨。赫赫师尹，不平谓何⑩？天方荐瘥⑪，丧乱弘多⑫。民言无嘉⑬，憯莫惩嗟⑭！

巍巍高峻终南山，一片山坡广又宽。太师尹氏声威大，为何办事歪又偏？上天屡把灾疫降，丧亡祸乱多无边。民众议论没好话，却不警诫去改观！

（三）

尹氏大师⑮，维周之氐⑯。秉国之均⑰，四方是维⑱。天子是毗⑲，俾民不迷⑳。不吊昊天㉑，不宜空我师㉒！

尹氏太师真不堪，周朝栋梁重任担。国家大权握在手，四方靠你保平安。天子靠你来辅佐，莫使百姓意茫然。可叹老天不开眼，别让民众受熬煎！

（四）

弗躬弗亲㉓，庶民弗信。弗问弗仕，勿罔君子㉔。式夷式已㉕，无小人殆㉖。琐琐姻亚㉗，则无朊仕㉘！

既然你不把政亲，人民对你无信心。贤人不问也不用，欺骗君子大不仁。应该将他铲除掉，别让小人害黎民。裙带关系无能辈，不能掌权栽祸根！

（五）

昊天不傭㉙，降此鞠讻㉚。昊天不惠㉛，降此大戾㉜。君子如届㉝，俾民心阕㉞。君子如夷，恶怒是违㉟。

苍天处事不公平，降给人间这灾凶。苍天处事不仁惠，降给人间这恶星。君子如果能执政，可使民心转清宁。君子办事行公道，众民怒气会消停。

（六）

不吊昊天，乱靡有定。式月斯生，俾民不宁。忧心如酲[36]，谁秉国成[37]？不自为政，卒劳百姓[38]。

可叹苍天不公正，天下纷乱不安定。每月祸端连续有，致使黎民不太平。忧心忡忡已成病，谁为国家掌规程？你不亲自来执政，害得百姓太苦情。

（七）

驾彼四牡，四牡项领[39]。我瞻四方，蹙蹙靡所骋[40]！

驾上四马把车登，四匹肥马粗脖颈。待我举目望四方，天地狭窄难驰骋！

（八）

方茂尔恶[41]，相尔矛矣[42]。既夷既怿[43]，如相酬矣[44]。

你的罪恶已滔滔，如见一支杀人矛。铲除奸臣人欢喜，举杯庆贺兴如潮。

（九）

昊天不平，我王不宁。不惩其心[45]，覆怨其正[46]。

苍天实在不公平，我王不能得安宁。不在心中自反省，反恨别人来谏诤。

（十）

家父作诵[47]，以究王讻[48]。式讹尔心[49]，以畜万邦[50]！

家父作诗来讽诵，要为君主追元凶。快改你心归正道，安养万邦再复兴！

【注释】

①这是一首指斥幽王时代的权臣太师尹氏的诗。根据内容分析，作者家父当为西周末年幽王时代的人。《郑笺》说他是大夫。诗人于诗中自道姓名，光明磊落。②节：借为巀，高峻貌。南山：终南山。③岩岩：山石堆积貌。④赫赫：显耀盛大貌。师尹：太师尹砥的简称。太师：官名，三公的兼职，位最高。古称司马、司徒、司空为三公，分司军队、教育、土地。尹氏为司空兼太师。尹氏，为周朝显赫贵族。⑤具：通俱。瞻：看。⑥惔：借为炎，火烧。⑦卒：终。斩：绝。⑧何用：何以。监：察看。⑨有实：实实，庞大貌。猗：通阿，山坡。⑩谓何：为何。⑪荐：进，加。瘥：灾疫。⑫弘多：很多。⑬嘉：善。⑭憯：犹曾，乃。惩：惩戒。嗟：语助词。⑮大：通太。⑯维：为，是。氏：根本。⑰秉：掌握。均：同钧，本为制陶器的模子下面的圆盘。执掌国政，即如陶工掌圆盘制器，故云秉国之均。⑱维：维持。⑲毗：辅助。⑳俾：使。迷：迷惑，迷失正道。㉑不吊：不淑，不善。昊天：广大的天。㉒不宜：不该。空：穷困。师：指民众。㉓弗：不。躬、亲：指亲自管理政事。㉔罔：欺骗。㉕式：语助词。夷：平，平除。已：止，废止。㉖小人：指尹氏。殆：危险。指危害国家。㉗琐琐：卑微渺小貌。姻亚：泛指亲戚。姻，儿女亲家。亚，两婿互称。㉘无：同毋。朊仕：厚加任用。㉙傭：均，公平。㉚鞫讻：极大的灾祸。讻，同凶。㉛惠：仁惠。㉜大戾：大恶，大灾难。㉝届：到。指任职掌权。㉞阕：闭门，引申为止息。㉟违：去，消除。㊱酲：酒醉致病。㊲国成：国政的成规。《周礼·天官·小宰》有「八成」，即指据以治国的官府八事。㊳卒：最终，结果。㊴项：肥大。领：脖颈。㊵蹙蹙：局促不安貌。靡所骋：意指四方动乱，无处可去。㊶茂：盛。尔：指尹氏。㊷相：视。相尔矛：意即要动武。㊸夷：指铲平小人。怿：喜悦。㊹醻：同「酬」，相互敬酒。㊺惩：惩戒，戒止。㊻覆：反。正：劝谏，纠正。㊼家父：周朝大夫，幽王时人。

这里是诗人自称其名。诵：诗歌。㊽究：追究。讻：借为凶，恶人。㊾讹：改变。尔：指尹氏。㊿畜：养，引申为安抚。

谷风之什

谷 风①

（一）

习习谷风②，维风及雨③。将恐将惧④，维予与女⑤；将安将乐，女转弃予⑥！

山谷大风在咆哮，紧随风后暴雨浇。当初岁月多艰苦，惟我伴你历辛劳；如今日子已安乐，你却变心把我抛！

（二）

习习谷风，维风及颓⑦。将恐将惧，寘予于怀⑧；将安将乐，弃予如遗⑨。

呼呼大风卷长空，旋风随后势更凶。当初岁月多艰苦，将我抱在你怀中；如今日子已安乐，把我抛弃忘旧情。

（三）

习习谷风，维山崔嵬⑩。无草不死，无木不萎。忘我大德，思我小怨。

呼呼大风在横行，吹上巍巍高山峰。全部野草都死掉，各种树木尽凋零。我的大德全忘记，专记小错在心中。

【注释】

①这是一首弃妇诗。她指责丈夫只能共患难，不能同安乐。旧说多认为是朋友相弃相怨的诗，验之『维予与女』『寘予于怀』等句，殊觉不合。②习习：大风之声。谷风：来自山谷的风，大风。③维：是。此二句以风雨突变比

喻生活中的风波。④将：方，正。⑤维：唯，只。与：亲附，赞助。女：汝。⑥转：反而。⑦颓：旋风。⑧寘：同置。⑨遗：忘记。⑩崔嵬：山高峻貌。

甫田之什

裳裳者华①

（一）

裳裳者华②，其叶湑兮③。我觏之子④，我心写兮⑤。我心写兮，是以有誉处兮⑥。

鲜花美又盛，绿叶郁葱葱。我把这人见，心里喜盈盈。心里喜盈盈，身居欢乐中。

（二）

裳裳者华，芸其黄矣⑦。我觏之子，维其有章矣⑧。维其有章矣，是以有庆矣⑨。

鲜花美又盛，颜色黄澄澄。我把这人见，俊逸有才情。俊逸有才情，庆贺受欢迎。

（三）

裳裳者华，或黄或白。我觏之子，乘其四骆⑩。乘其四骆，六辔沃若⑪。

鲜花美又盛，黄白错杂生。我把此人见，四马驾车行。四马驾车行，马缰闪光明。

（四）

左之左之⑫，君子宜之⑬。右之右之⑭，君子有之⑮。维其有之，是以似之⑯。

文职很精通，此君有才能。若把武职派，同样能担承。正因能担承，祖业永兴隆。

【注释】

①这是对一位贵族青年的赞歌，其中对他的仪表、风度、车马和才干作了全面的称赞。②裳裳：借作堂堂，丰盛明艳貌。华：花。③湑：茂盛貌。④觏：见。之子：这人，指那位贵族青年。⑤写：宣泄。朱熹《诗集传》：『则其心倾写而悦乐之矣。』⑥誉：通豫，快乐。⑦芸其：即芸芸，花叶盛多貌。⑧章：文章，才华。⑨庆：喜庆，福庆。⑩骆：黑尾黑鬃的白马。⑪沃若：沃然，光润貌。⑫左：指文事、吉事，如政治、祭祀等。这里用作动词，指安排担任左职。⑬宜：安。⑭右：指武事、凶事，如兵戎、死丧等。这里用作动词，指安排担任右职。⑮有：犹『能』。⑯似：借为嗣，指继承祖业。

鱼藻之什

鱼　藻①

（一）

鱼在在藻②，有颁其首③。王在在镐④，岂乐饮酒⑤。

鱼儿游在水藻中，大头摇摆自在行。周王住在镐京内，日饮美酒乐融融。

（二）

鱼在在藻，有莘其尾⑤。王在在镐，饮酒乐岂。

鱼儿游在水藻旁，左摇右摆尾巴长。周王住在镐京里，日饮美酒喜洋洋。

（三）

鱼在在藻，依于其蒲⑦。王在在镐，有那其居⑧。

鱼儿游在水藻间，又循蒲草自由玩。周王就在镐京住，静心安居好悠闲。

【注释】

①这是一首赞美周王在镐京饮酒享乐的诗。②鱼在在藻：何楷《诗经世本古义》：『两言「在」字者，作者自为详审之辞，鱼何在乎？在于藻也。「王在在镐」放（仿）此。』③有颁：颁颁，头大貌。④镐：镐京，西周京城。故址在今陕西省西安市西。⑤岂：通恺，和乐。⑥有莘：莘莘，尾长貌。⑦蒲：蒲草，一种水生植物。⑧有那：那那，安闲貌。

大雅

文王之什

文王[1]

（一）

文王在上[2]，於昭于天[3]。周虽旧邦[4]，其命维新[5]。有周不显[6]，帝命不时[7]。文王陟降[8]，在帝左右。

文王之灵在高天，光明显赫远处传。周国名字虽古老，受命统一换新颜。周朝气象多伟大，上帝之命美河山。

文王之灵有升降，常在上帝身旁边。

（二）

亹亹文王[9]，令闻不已[10]。陈锡哉周[11]，侯文王孙子[12]。文王孙子，本支百世[13]。凡周之士，不显亦世[14]。

文王创业甚辛勤，美好名声四方闻。天赐周兴把国建，文王事业传子孙。文王事业传子孙，家族兴隆百代人。

凡是周朝众文武，世代荣华福满门。

（三）

世之不显，厥犹翼翼[15]。思皇多士[16]，生此王国。王国克生[17]，维周之桢[18]。济济多士[19]，文王以宁。

世代福禄真光荣，谋事勤勉又谦恭。众多贤士人才好，幸而生在周国中。周国能出众贤士，都在王朝是精英。

人才济济多丰茂，文王由此得安宁。

（四）

穆穆文王[20]，於缉熙敬止[21]。假哉天命[22]，有商孙子[23]。商之孙子，其丽不亿[24]。上帝既命，侯于周服[25]。

文王端庄又恭谨，光明正大有诚心。天命确实很伟大，殷商子孙要遵循。殷商子孙繁衍快，数十百万很惊人。

天帝已经降旨意，商要向周来称臣。

（五）

侯服于周，天命靡常[26]。殷士肤敏[27]，裸将于京[28]。厥作裸将，常服黼冔[29]。王之荩臣[30]，无念尔祖[31]。

商要向周来称臣，天命无常不由人。殷商后代美又敏，进行灌祭来京门。他们来行灌祭礼，礼服礼帽同在身。

君王进用诸臣子，先祖功业记在心。

（六）

无念尔祖，聿修厥德[32]。永言配命[33]，自求多福。殷之未丧师[34]，克配上帝。宜鉴于殷[35]，骏命不易[36]。

先祖功业记心中，先祖品德要继承。永远坚持依天命，福气还凭自力争。殷商未丧民心日，能从天意做事情。

应该以殷为借鉴，执行天命不轻松。

（七）

命之不易，无遏尔躬[37]。宣昭义问[38]，有虞殷自天[39]。上天之载[40]，无声无臭[41]。仪刑文王[42]，万邦作孚[43]。

执行天命要恭谨，不要断送在你身。美好声誉要光大，提供殷鉴是天心。上天做事难猜想，没有气味没声音。

要以文王为典范，赢得信任万国尊。

【注释】

①这是一首颂美文王之歌，汉人翼奉解释说：『周公作诗深戒成王，以恐失天下。』（见《后汉书·翼奉传》）大概不错。②文王：周文王姬昌。朱熹《诗集传》对『文王在上』的解释是：『言文王既没，而其神在上，昭明于天』。③於：赞叹声。照：明。④旧邦：周的始祖是后稷，原居邰（今陕西武功）。至文王祖父古公亶父时迁居于周（今陕西岐山），始为国名。前后历经夏、商两朝，故称旧邦。⑤命：指天命。维：是。其命维新：言天帝初命文王建帝王之业，是新的开端。⑥有周：即周。『有』为词头，无义。不：通丕，大。显：光明。⑦帝：上帝。帝命：指上帝命周统一天下。时：马瑞辰《毛诗传笺通释》：『时读为烝。烝，美也。』⑧陟降：升降。⑨亹亹：勤勉貌。⑩令闻：好声誉。⑪陈：借为申，一再，重复。锡：通赐。哉：与载通用。载，造。哉周：建设周国。⑫侯：维，是。孙子：即子孙。⑬本支：树的根干和枝叶，借指本宗和支系。⑭亦世：同奕世，即累世。⑮厥：其，他的。犹：计谋。翼翼：恭谨勤勉貌。⑯思：语助词。皇：美。⑰克：能。⑱维：是。桢：干，骨干。⑲济济：盛多貌。⑳穆穆：仪表美好，容止端庄恭敬。㉑於：赞叹词。缉熙：光明。敬：谨慎负责。止：语气词。㉒假：大。㉓商：商朝。㉔丽：数目。不：语助词，无义。亿：周代十万为亿。㉕侯：惟。服：臣服。侯于周服：即侯服于周，只有臣服于周朝。㉖靡常：无常。㉗殷士：殷人。肤：美。敏：疾。㉘祼将：灌祭，古代的一种祭礼。祼，犹灌，酌、奠之意。将：举行。京：指镐京。㉙黼：上有黑白相间花纹的礼服。冔：殷朝贵族所戴的礼帽。㉚王：指周王。荩：进。荩臣：进用之臣。㉛无：语助词，无义。㉜聿：发语词。㉝言：语助词。配命：合乎天命。㉞师：群众。㉟鉴：镜子。鉴于殷：以殷为镜子对照自己。㊱骏：大。此句言天命不易得到。㊲遏：停止，断绝。㊳宣昭：宣扬昭明。义问：好名声。问，通闻。㊴有：同又。虞：

度，鉴戒。㊵载：事。㊶臭：气味。㊷仪刑：效法。仪，象，取法。刑，法，模式，㊸作：则，就。孚：信服。

生民之什

生　民①

（一）

厥初生民②，时维姜嫄③。生民如何？克禋克祀④，以弗无子⑤。履帝武敏歆⑥，攸介攸止⑦。载震载夙⑧，载生载育，时维后稷。

开初谁把周人生，女祖姜嫄有大名。先人如何被生下？祭祀祈祷敬神灵，乞求生子志虔诚。踩了上帝拇指印，天赐大福显神通。怀孕在身言行谨，生一男儿养育成，就以后稷来命名。

（二）

诞弥厥月⑨，先生如达⑩。不坼不副⑪，无菑无害⑫，以赫厥灵⑬。上帝不宁⑭，不康禋祀⑮，居然生子！

妊娠月数已满盈，头胎孩子顺利生。产门完好无破裂，无灾无害甚和平，与众不同显异灵。姜嫄怕帝心不悦，恐嫌祭祀不虔诚，居然如此生男婴！

（三）

诞寘之隘巷⑯，牛羊腓字之⑰。诞置之平林⑱，会伐平林⑲。诞置之寒冰，鸟覆翼之。鸟乃去矣，后稷呱矣⑳。实覃实訏㉑，厥声载路㉒。

把他弃置小巷中，牛羊喂奶有深情。把他丢在树林里，樵夫砍柴救性命。把他丢在寒冰上，大鸟展翅来救营。

大鸟后来终飞走，后稷发出啼哭声。哭声很长而且大，传满道路令人惊。

（四）

诞实匍匐[23]，克岐克嶷[24]。以就口食[25]，蓺之荏菽[26]。荏菽旆旆[27]，禾役穟穟[28]。麻麦幪幪[29]，瓜瓞唪唪[30]。

起初伏地学爬行，渐会踮脚立地中。为了解决吃饭事，从小种豆会务农。大豆丰茂长得好，禾穗低垂饱盈盈。麻麦茂盛长势旺，瓜实累累结满藤。

（五）

诞后稷之穑[31]，有相之道[32]。茀厥丰草[33]，种之黄茂[34]。实方实苞[35]，实种实褎[36]，实发实秀[37]，实坚实好[38]，实颖实栗[39]。即有邰家室[40]。

后稷种地有才能，生产技术甚高明。野草茂密全除掉，选种嘉谷细心耕。苗齐又丰茂，既长又肥盛，拔节抽长穗，饱满子粒盈。禾穗沉沉数量众，定居邰地喜心中。

（六）

诞降嘉种：维秬维秠[41]，维穈维芑[42]。恒之秬秠[43]，是获是亩[44]；恒之穈芑，是任是负[45]，以归肇祀[46]。

后稷良种广推行：秬子秠子各不同，穈谷芑谷品种精。秬子秠子种满，收割堆在田中；穈谷芑谷遍地，连挑带背丰登，归来祭祀祖宗。

（七）

诞我祀如何？或舂或揄[47]，或簸或蹂[48]。释之叟叟[49]，烝之浮浮[50]。载谋载惟[51]，取萧祭脂[52]，取羝以軷[53]。载燔载烈[54]，以兴嗣岁[55]。

祭祀祖神啥情形？有人舀来有人舂，搓米簸糠忙不停。淘米声音嗖嗖响，蒸出米饭热腾腾。祭神大事同商议，艾烧牛油香气浓，献祭路神羊为牲。又烧又烤把神敬，祈求来年好收成。

（八）

卬盛于豆[56]，于豆于登[57]，其香始升。上帝居歆[58]，胡臭亶时[59]。后稷肇祀，庶无罪悔[60]，以迄于今。

我将祭品用碗盛，再上木盘与瓦登，满堂袅袅香气升。上帝安然来享用，饭菜极好香味浓。后稷首创祭祀礼，幸得天神保安宁，直到今天仍奉行。

【注释】

①这是周人的一篇史诗。其中记述了其始祖后稷诞生的神奇传说和后稷对于农业生产的卓越贡献。②厥：其。民：指周人。③时：是。姜嫄：传说中有邰氏之女，帝喾之妃，周始祖后稷之母。④克：能，此处是实行之意。禋：一种野祭。用火烧牲，使烟气上冲于天。祀：祭祀。⑤弗：借为祓，用祭祀来除去灾难。以弗无子：意即除去无子之灾，祈求生子。⑥履：踩，踏。帝：上帝。武：足迹，脚印。敏：通拇，脚的拇指。歆：欣喜。此句是说姜嫄踩了天神脚印中的拇指印迹而怀身孕。又，闻一多认为，履迹是祭祀仪式的一部分，疑即一种象征性舞蹈。所谓帝实即代表上帝之神尸。神尸舞于前，姜嫄尾随其后，践神尸之迹而舞，其事可乐，故曰『履帝武敏歆』，犹言与尸伴舞而心甚悦喜。恐非是。⑦攸：语助词。介：通祄，神保佑。止：通祉，神降福。又，闻一多解介为愒，息也。盖舞毕而相携止息于幽闲之处，因而有孕也。此论恐非。⑧载：语助词。震：通娠，怀孕。夙：通肃，严肃。古人重『胎教』，要求妇女怀孕期间肃

敬恭谨。⑨诞：发语词。弥：满。⑩先生：初生，第一胎。如：而。达：滑利。⑪坼：裂开。副：破析。此句言生得顺利，不致破裂产门。⑫菑：通灾。⑬赫：显示。⑭不宁：不安。此下三句是写姜嫄产后的想法。奇异的受孕和生产使她怀疑是上帝对自己的祭祀不满而有意作祟。⑮不康：不安。⑯寘：置，弃置。⑰腓：借为庇，庇护。字：乳。字之：给他奶吃。⑱平林：平原上的树林。⑲会：值，正好碰上。⑳呱：小儿哭声。㉑实：语助词。覃：长。訏：大。㉒载：满。㉓匍匐：伏地爬行。㉔克：能。岐：借为跂，踮脚。嶷：借为仡，正立貌。一说：『岐，知意也。嶷，哀也。』（《毛传》）㉕就：成。㉖蓺：种植。荏菽：大豆。㉗旆旆：同芾芾，茂盛貌。㉘役：借为颖，穗也。穟穟：禾穗下垂貌。㉙幪幪：茂盛貌。㉚瓞：小瓜。唪唪：果实累累貌。㉛穑：指种植五谷。㉜相：助。道：方法。㉝茀：拔除。㉞黄茂：嘉谷。㉟方：整齐。苞：丰茂。㊱种：犹肿，肥盛。褎：禾苗渐长貌。㊲发：舒发。秀：初长的穗子。㊳坚：指谷粒充实。㊴颖：禾穗下垂。栗：收获众多貌。㊵即：往。邰：地名，故城在今陕西武功西南。此句说后稷到邰地定居。传说后稷在虞舜时代因佐禹有功，始封于邰。㊶维：是。秬：黑黍。秠：一壳二米的黑黍。㊷穈：一种嘉谷，初生苗赤，后渐变青。芑：一种嘉谷，初生时叶微白。㊸恒：借为亘，遍的意思。㊹获：收割。亩：指堆在田里。㊺任：挑。负：背。㊻肇：始。肇祀：开始祭祀。㊼揄：从石臼中将米舀出。㊽蹂：通揉，揉搓。㊾释：淘米。叟叟：淘米声。㊿烝：同蒸。浮浮：热气上升貌。(51)谋：谋划。惟：思考。此句言筹划祭祀之事。(52)萧：香蒿。脂：牛肠脂。古时祭祀将牛油置香蒿上烧之，香气远闻。(53)羝：公羊。軷：祭路神。古时郊祀上帝，先祭路神。《说文》：『将有事于道，必先告其神。』(54)燔：将肉放在火里烧。烈：将肉穿起架在火上烤。(55)嗣岁：下一年。(56)卬：我。豆：盛肉的高脚食器。(57)登：盛汤的瓦制食器，似豆而浅。(58)居：安。歆：享。(59)胡：大。臭：气味，指香气。亶：真。时：好。(60)庶：幸。侮：过失。

荡之什

荡[1]

（一）

荡荡上帝[2]，下民之辟[3]。疾威上帝[4]，其命多辟[5]。天生烝民[6]，其命匪谌[7]。靡不有初[8]，鲜克有终[9]。

上帝法规已残破，主宰下民似阎罗。上帝暴虐又骄纵，天命邪僻难捉摸。上天生养众百姓，天命无诚不可托。万事莫不有开始，坚持到底却不多。

（二）

文王曰咨[10]，咨女殷商[11]！曾是强御[12]，曾是掊克[13]，曾是在位[14]，曾是在服[15]。天降慆德[16]，女兴是力[17]。

文王开口发长叹，叹你殷商到残年！这样任人逞强暴，这样任人肆贪残，这样任人高禄位，这样任人把权专。天降这些骄横者，是你助他闹翻天。

（三）

文王曰咨，咨女殷商！而秉义类[18]，强御多怼[19]。流言以对[20]，寇攘式内[21]。侯作侯祝[22]，靡届靡究[23]。

文王开口发长叹，叹你殷商到残年！你把贤良来任用，强暴之徒怒冲天。流言蜚语传外界，大肆攻击在朝班。常把忠臣来诅咒，没完没了猛纠缠。

（四）

文王曰咨，咨女殷商！女炰烋于中国[24]，敛怨以为德[25]。不明尔德，时无背无侧[26]。尔德不明，以无陪无卿[27]。

文王开口发长叹，叹你殷商到残年！咆哮横行京城里，多行不义自称贤。昏聩不明是本性，叛臣邪恶靠身边。

不明本性已昏聩，辅佐良臣难近前。

（五）

文王曰咨，咨女殷商！天不湎尔以酒㉘，不义从式㉙。既愆尔止㉚，靡明靡晦。式号式呼㉛，俾昼作夜。

文王开口发长叹，叹你殷商到残年！上天未让你酗酒，不应纵饮没个完。礼节容止不像样，没明没夜太贪婪。

狂呼乱叫无体统，白天当夜醉不堪。

（六）

文王曰咨，咨女殷商！如蜩如螗㉜，如沸如羹㉝。小大近丧㉞，人尚乎由行㉟。内奰于中国㊱，覃及鬼方㊲。

文王开口发长叹，叹你殷商到残年！大蝉小蝉争吵闹，汤开水滚乱成团。事情大小全弄坏，仍走老路不改弦。

国内人民燃怒火，怒火直烧到远边。

（七）

文王曰咨，咨女殷商！匪上帝不时㊳，殷不用旧㊴。虽无老成人㊵，尚有典刑㊶。曾是莫听㊷，大命以倾㊸。

文王开口发长叹，叹你殷商到残年！并非上帝心不好，不循旧章路线偏。虽无练达老臣在，却有遗典在身边。

竟然不听先祖话，国家倾覆命运完。

（八）

文王曰咨，咨女殷商！人亦有言：颠沛之揭㊹，枝叶未有害，本实先拨㊺。殷鉴不远㊻，在夏后之世㊼。

文王开口发长叹，叹你殷商到残年！古人有话应牢记：大树倾倒根朝天，虽然枝叶未伤害，根部腐败已不堪。殷商鉴戒不遥远，夏桀败亡在前边。

【注释】

①这是一首刺厉王无道、哀周室危亡的诗。全篇借周文王指斥殷纣王，语气托古讽今，指桑骂槐。旧以为召穆公所作，大致可信。②荡荡：《郑笺》："法度废坏之貌。"③辟：君主。④疾威：暴虐。⑤辟：通僻，邪僻。⑥烝：众。⑦匪：通非。谌：诚，信。⑧靡：无。⑨鲜：少。克：能。⑩咨：嗟叹声。⑪女：汝。魏源《诗序集义》："厉恶类纣，故屡托殷商以陈刺。"⑫曾：乃，竟然。是：这样。强御：强横凶暴。⑬掊克：聚敛。⑭在位：指处在统治地位。⑮服：任。在服：与在位对言，在位指有职无权，在服指有职有权。⑯慆德：陈奂《诗毛氏传疏》："慆德，言其德教之慢，即荡荡之意也。"⑰女：汝。兴：助长。力：尽力。⑱而：通尔，你。秉：持，引申为任用。义类：善类。⑲怼：怨恨。⑳流言：谣言。㉑寇攘：攻击。式：语助词。内：内部。㉒侯：维，是。作：借为诅。祝：借为咒。作祝：即诅咒。㉓届：尽。究：穷。㉔炰烋：借为咆哮，怒吼。㉕敛怨以为德：朱熹《诗集传》："多行不义之事，而反自以为德矣。"㉖时：以，所以。无：有不分、分不清之意。背：背叛者。侧：不正派者。㉗陪：辅佐之人。卿：卿大夫。马瑞辰《通释》："'以无背无侧'为不知恶人；'以无陪无卿'为不知善人。与经言'不明'义相贯。"㉘湎：沉溺于酒。㉙不义：不宜。从：借为纵。式：用。从式：指纵情饮用。㉚愆：过失。止：容止，行为。㉛式：犹乃。㉜蜩：蝉。螗：蝉的一种。牟应震《毛诗物名考》谓，蜩为蝉之小者，螗为蝉之大者。㉝羹：汤。㉞小大：指小事大事。丧：失败。㉟人：指厉王。由行：仍走旧路。指照旧行事。㊱奰：怒。㊲覃：延。鬼方：

殷与西周时期称北方玁狁为鬼方。亦可泛指远方邦国。方：邦也。㊳不时：不善，不好。㊴不用旧：指不遵旧的典章制度。㊵老成人：指经验丰富、老成练达的人。㊶典刑：旧法。㊷曾：乃。是：此，这些。㊸大命：指国家命运。㊹颠沛：犹颠仆，指倒下。揭：高举。指树木倒后根部撅起。㊺本：树根。拨：借为败。㊻鉴：镜子。㊼夏后：指夏桀。

周颂

清庙之什

我将①

我将我享②，维羊维牛，维天其右之③。仪式刑文王之典④，日靖四方⑤。伊嘏文王⑥，既右飨之⑦。我其夙夜，畏天之威，于时保之⑧。

我来献祭在明堂，奉上牛和羊，请天保佑国运昌。效法文王旧典制，日日操劳定四方。神圣文王多伟大，祭品请他一道尝。我须日夜勤谨忙，唯恐天威损伤，保此天命继周邦。

【注释】

①此为祭祀上帝于明堂而以文王配享之诗。②将：奉。享：祭献。③右：同佑，保佑。④仪式：法度。刑：通型，效法。典：典章，法则。⑤靖：安定，治理。⑥伊：发语词。嘏：借为假，大，伟大。⑦飨：享受祭祀。⑧时：是。

臣工之什

丰年①

丰年多黍多稌②，亦有高廪③，万亿及秭④。为酒为醴⑤，烝畀祖妣⑥，以洽百礼⑦，降福孔皆⑧。

丰年多黍多稻米，高大粮仓排排挤，万斗亿斛收家里。甜酒香酒齐酿成，奉敬先考和先妣，各种祭礼都合宜，普降洪福人更喜。

【注释】

①这是一首丰收之后秋冬大报，祭祀列祖列宗、天地百神的乐歌。②稌：稻谷。③亦：语助词。廪：粮仓。④亿：周代十万为亿。秭：《尔雅·释诂》：『秭，数也。』郭璞注：『今以十亿为秭。』⑤醴：一种甜酒。⑥烝：进献。⑦畀：给予。祖妣：指各代男女祖先。⑦洽：合。百礼：各种祭礼。又《孔疏》：『牲玉币帛之属，合用以祭。』⑧孔：很。皆：普遍。

闵予小子之什

敬之①

敬之敬之②，天维显思③，命不易哉④！无曰高高在上，陟降厥士⑤，日监在兹⑥。维予小子，不聪敬止。日就月将⑦，学有缉熙于光明⑧。佛时仔肩⑨，示我显德行⑩。

要自警千万自警，老天爷十分高明，保国运大不轻松！莫说天高高在上，对群臣升降公平，每天在监视不停。我如今正在年少，不慎戒受人欺蒙。勤学习日长月久，广积累事理精通。担重任群臣辅助，指示我显耀德行。

【注释】

①此为成王自诫诗。②敬：警诫。③维：是。显：明。思：语助词。④命：天命，指国运。不易：不容易。⑤陟降：升降。厥：其。⑥监：监视。兹：此。⑦就：久。将：长。⑧缉：积。熙：广大。缉熙：积渐广大。⑨佛：借为弼，辅助。时：是。仔肩：责任。⑩显：光明。

鲁颂

駉

（一）

駉駉牡马[2]，在坰之野[3]。薄言駉者[4]，有驈有皇[5]，有骊有黄[6]，以车彭彭[7]。思无疆[8]，思马斯臧[9]。

群马肥壮大又高，牧场遥远在荒郊。大群肥马极出色，驈马皇马带白毛，骊马黄马色气亮，用来驾车任游遨。鲁公思虑远，骏马好身膘。

（二）

駉駉牡马，在坰之野。薄言駉者，有骓有駓[10]，有骍有骐[11]，以车伾伾[12]。思无期，思马斯才[13]。

群马雄健气昂昂，牧场迢迢在远方。大群肥马极出色，骓马駓马油光光，骍马骐马毛杂配，用来驾车有力量。鲁公远谋虑，骏马材力强。

（三）

駉駉牡马，在坰之野。薄言駉者，有驒有骆[14]，有駵有雒[15]，以车绎绎[16]。思无斁[17]，思马斯作[18]。

群马肥美又雄健，牧场迢迢在荒原。大群肥马极出色，驒马骆马体毛斑，駵马雒马有美鬣，用来驾车跑得欢。鲁公思不倦，骏马永向前。

（四）

驷驷牡马，在坰之野。薄言驷者，有骃有騢⑲，有驔有鱼⑳，以车祛祛㉑。思无邪，思马斯徂㉒。

群马肥大健又雄，牧场迢迢荒原中。大群肥马极出色，骃马騢马毛色明，驔马鱼马有特点，用来驾车善奔腾。鲁公思虑正，骏马快如风。

【注释】

①这是一首颂美鲁僖公养马盛多的诗。古代国家的军事力量，主要看兵车，故养马乃关军国之重，而牧马之盛则表现出鲁僖公谋政深远。②驷驷：马肥壮貌。牡：《释文》：「牡，本亦作牧。」《颜氏家训·书证》：「江南书皆为牝牡之牡，河北本悉为放牧之牧。」按当作牧。牧马：即放牧的马。③坰：同迥，远。高亨《诗经今注》：「坰之野，遥远的野地。」又《尔雅·释地》：「邑外谓之郊，郊外谓之牧，牧外谓之野，野外谓之林，林外谓之迥。」④薄言：语助词。⑤驈：黑马白胯。皇：《说文》引作騜，黄白之马。⑥骊：纯黑之马。黄：黄赤色马。⑦以车：用以驾车。彭彭：马强壮有力貌。⑧思：谋虑。下文「思无期」「思无斁」「思无邪」之「思」同此。无疆：深远无边。⑨思：语首助词。斯：语气词。臧：僖。⑩骓：苍白杂色之马。駓：黄白杂色之马。⑪骍：赤黄色马。骐：有青黑花纹之马。⑫伾伾：有力貌。⑬才：才能，材力。⑭驒：青黑色而有白鳞花纹之马。骆：白毛黑鬣之马。⑮駵：赤身黑鬣之马。雒：黑身白鬣之马。⑯绎绎：善跑。⑰斁：厌倦。⑱作：奋起。⑲骃：浅黑间白色之马。騢：赤中间白之杂色马。⑳驔：脚胫有白色长毛之马。鱼：两眼白毛围绕之马。㉑祛祛：强健貌。㉒徂：行，指善跑。

有駜

（一）

有駜有駜[2]，駜彼乘黄[3]。夙夜在公[4]，在公明明[5]。振振鹭[6]，鹭于下[7]。鼓咽咽[8]，醉言舞[9]。于胥乐兮[10]！

肥壮力量强，壮马四匹黄。早起晚睡忙公务，勤勉不息在公堂。手挥鹭羽起舞，好似白鹭飞翔。鼓声咚咚不断，乘醉起舞跄跄。君臣全部乐洋洋！

（二）

有駜有駜，駜彼乘牡。夙夜在公，在公饮酒。振振鹭，鹭于飞。鼓咽咽，醉言归。于胥乐兮！

力强壮又高，公马四匹骄。早起晚睡忙公事，公堂饮酒暂逍遥。手挥鹭羽起舞，好似白鹭飞飘。鼓声咚咚不断，酒醉回家休调。君臣个个乐陶陶！

（三）

有駜有駜，駜彼乘駽[11]。夙夜在公，在公载燕[12]。自今以始[13]，岁其有[14]。君子有穀[15]，诒孙子[16]。于胥乐兮！

肥壮力无穷，四匹黑铁骢。早起晚睡忙工作，公堂开宴暂轻松。从打今年开始，年年岁岁丰登。公侯大行善事，留与子孙守成。君臣一道乐融融！

【注释】

①这是一首颂祷鲁僖公与群臣饮宴、庆贺丰年的乐歌。②駜：马肥壮力强貌。③乘黄：四匹黄马。④夙夜：早晚，从早至晚。公：办公处所。⑤明明：借为勉勉，指尽力于公事。⑥振振：群飞貌。鹭：此指舞者所持的鹭羽。

⑦于：语助词。⑧咽咽：形容鼓声有节奏。⑨言：语助词。⑩于：发语词。胥：皆。⑪駽：青黑色的马，又叫铁骢。⑫载：则，就。燕：通宴。⑬以：同而。⑭有：丰收。⑮君子：指鲁僖公。穀：善。⑯诒：通贻，留给。孙子：即子孙。

商颂

玄鸟[1]

天命玄鸟[2]，降而生商[3]，宅殷土芒芒[4]。古帝命武汤[5]，正域彼四方[6]。方命厥后[7]，奄有九有[8]。商之先后[9]，受命不殆[10]，在武丁孙子[11]。武丁孙子，武王靡不胜[12]。龙旂十乘，大糦是承[13]。邦畿千里[14]，维民所止[15]。肇域彼四海[16]，四海来假[17]。来假祁祁[18]，景员维河[19]。殷受命咸宜，百禄是何[20]。

天命玄鸟神卵降，母食生契契封商，居住殷土广茫茫。古时成汤奉帝旨，征服各部统四方。广对诸侯发号令，尽揽九州入封疆。商代先君承天命，化险为夷国运长，武丁中兴路康庄。孙子武丁是贤主，胜任祖业继成汤。龙旗飘飘十车驾，大载酒食祭先王。土境广远方千里，人民居此度安康。重收四海天下治，四海诸侯来朝堂。络绎不绝人繁盛，聚会京师喜气扬。殷商受命皆合义，承受百福业永昌。

【注释】

①这是一首祭祀殷高宗武丁的乐歌。武丁是继盘庚之后的又一代中兴之主，曾任用傅说为相，内修政治，外建武功。本诗为颂武丁，又推及商的始祖契与武王成汤，故可视为一首简要的殷商史诗。②玄鸟：燕子。玄，黑。燕黑色，故名玄鸟。一说玄鸟为凤凰。③商：指商朝的始祖契。《列女传》载：『契母简狄者，有娀氏之长女也。当尧之时，与其姊妹浴于玄邱之水。有玄鸟衔卵过而坠之，五色甚好。简狄得而含之，误而吞之，遂生契焉。』契建国于商（今河南商丘）。④宅：居住。殷土：指商地。殷在盘庚迁殷（今河南安阳小屯）前称商，迁殷后称殷。后人也称商地

为殷土。芒芒：即茫茫，广大貌。⑤古：从前。帝：上帝。武汤：即成汤，自号武王。⑥正：借为征。域：有。⑦方：通旁，普遍。厥：那些。后：君，指诸侯，各部落首领。⑧奄有：尽有。九有：借为九域，即九州。⑨先后：先王。⑩殆：危险。⑪武丁：殷高宗。武丁孙子：即孙子武丁。⑫胜：胜任。⑬糦：同饎，酒食。承：供奉。⑭邦：借为封，疆界。畿：边境。⑮维：为。止：居。⑯肇域彼四海：陈奂《诗毛氏传疏》：『肇，始。域，有也。王肃云：「殷道衰，四夷来侵，至高宗，然后始复以四海为境域也。」』⑰假：通格，至。来假：指来朝。⑱祁祁：众多貌。⑲景：通京，大。员：周围。景员：犹云幅员，指广大领土。河：黄河，指殷都之地。景员维河：指天下诸侯会聚于京师。⑳何：通荷，蒙受。

礼记

祭义[1]

祭不欲数[2]，数则烦[3]，烦则不敬。祭不欲疏[4]，疏则怠，怠则忘。是故，君子合诸天道，春禘、秋尝[5]。秋[6]，霜露既降，君子履之，必有凄怆之心，非其寒之谓也。春，雨露既濡，君子履之，必有怵惕之心[7]，如将见之。乐以迎来，哀以送往，故禘有乐而尝无乐。

致齐于内，散齐于外。齐之日，思其居处，思其笑语，思其志意，思其所乐，思其所嗜。齐三日，乃见其所为齐者。祭之日，入室，僾然必有见乎其位[8]；周还出户[9]，肃然必有闻乎其容声；出户而听，忾然必有闻乎其叹息之声。是故，先王之孝也，色不忘乎目，声不绝乎耳，心志嗜欲不忘乎心。致爱则存，致悫则著。著、存不忘乎心，夫安得不敬乎？

君子生则敬养，死则敬享，思终身弗辱也。君子有终身之丧，忌日之谓也。忌日不用，非不祥也。言夫日，志有所至，而不敢尽其私也。

唯圣人为能飨帝，孝子为能飨亲。飨者，向也。向之，然后能飨焉。是故，孝子临尸而不怍[10]。君牵牲，夫人奠盎。君献尸，夫人荐豆。卿大夫相君，命妇相夫人。齐齐乎其敬也[11]，愉愉乎其忠也[12]，勿勿诸其欲其飨之也[13]！

文王之祭也，事死者如事生，思死者如不欲生，忌日必哀，称讳如见亲，祀之忠也。如见亲之所爱，如欲色然[14]，其文王与？《诗》云：『明发不寐[15]，有怀二人[16]。』文王之诗也。祭之明日，明发不寐，飨而致之，又从而思之。祭之日，乐与哀半：飨之必乐，已至必哀。

仲尼尝，奉荐而进，其亲也悫，其行也趋趋以数。已祭，子赣问曰：『子之言祭，济济漆漆然[17]；今子之祭，无济济漆漆，何也？』子曰：『济济者，容也远也；漆漆者，容也自反也[18]。容以远，若容以自反也，夫何神明之及交？夫何济济漆漆之有乎？反馈乐成，荐其荐、俎，序其礼乐，备其百官，君子致其济济漆漆[19]，夫何恍惚之有乎[20]？夫言，岂一端而已，夫各有所当也。』

孝子将祭，虑事不可以不豫；比时具物[21]，不可以不备；虚中以治之[22]。宫室既修，墙屋既设，百物既备，夫妇齐戒、沐浴、盛服，奉承而进之。洞洞乎！属属乎！如弗胜，如将失之，其孝敬之心至也与！荐其荐、俎，序其礼乐，备其百官[23]，奉承而进之。于是谕其志意[24]，以其恍惚以与神明交，庶或飨之[25]。庶或飨之，孝子之志也。

孝子之祭也，尽其悫而悫焉，尽其信而信焉，尽其敬而敬焉，尽其礼而不过失焉。进退必敬，如亲听命，则或使之也。孝子之祭可知也：其立之也，敬以屈[26]；其进之也，敬以愉；其荐之也，敬以欲。退而立，如将受命；已彻而退，敬齐之色不绝于面。孝子之祭也。立而不屈，固也[27]；进而不愉，疏也；荐而不欲，不爱也；退立而不如受命，敖也；已彻而退，无敬齐之色，而忘本也[28]。如是而祭，失之矣。

孝子之有深爱者必有和气；有和气者必有愉色；有愉色者必有婉容。孝子如执玉，如奉盈，洞洞属属然如弗胜，如将失之。严威俨恪[29]，非所以事亲也，成人之道也[30]。

先王之所以治天下者五：贵有德，贵贵，贵老，敬长，慈幼。此五者，先王之所以定天下也。贵有德，何为也？为其近于道也。贵贵，为其近于君也。贵老，为其近于亲也。敬长，为其近于兄也。慈幼，为其近于子也。是故，至孝近乎王，至弟近乎霸。至孝近乎王，虽天子，必有父；至弟近乎霸，虽诸侯，必有兄。先王之教，因而弗改，所以领天下国家也。

子曰：『立爱自亲始，教民睦也。立敬自长始，教民顺也。教以慈睦，而民贵有亲；教以敬长，而民贵用命。孝以事亲，顺以听命，错诸天下[31]，无所不行。』

郊之祭也，丧者不敢哭，凶服者不敢入国门，敬之至也。祭之日，君牵牲，穆答君[32]，卿大夫序从[33]。既入庙门，丽于碑[34]，卿大夫袒而毛牛[35]，尚耳[36]，鸾刀以封[37]，取膟膋[38]，乃退。爓祭，祭腥而退，敬之至也。

郊之祭，大报天而主日，配以月。夏后氏祭其暗，殷人祭其阳，周人祭日以朝及暗[39]。祭日于坛，祭月于坎[40]，以别幽明，以制上下。祭日于东，祭月于西，以别外内，以端其位。日出于东，月生于西[41]，阴阳长短，终始相巡[42]，以致天下之和。

天下之礼，致反始也，致鬼神也，致和、用也[43]，致义也，致让也。致反始，以厚其本也；致鬼神，以尊上也；致物用，以立民纪也；致义，则上下不悖逆矣；致让，以去争也。合此五者，以治天下之礼也，虽有奇邪[44]，而不治者则微矣。

宰我曰：『吾闻鬼神之名，不知其所谓。』子曰：『气也者，神之盛也[45]；魄也者，鬼之盛也；合鬼与神，教之至也[46]。』众生必死[47]，死必归土，此之谓鬼。骨肉毙于下[48]，阴为野土[49]。其气发扬于上，为昭明[50]，焄蒿[51]、凄怆[52]，此百物之精也，神之著也。因物之精，制为之极，明命鬼神[53]，以为黔首则[54]，百众以畏，万民以服。

圣人以是为未足也，筑为宫室，设为宗、祧，以别亲疏远迩，教民反古复始，不忘其所由生也。众之服自此，故听且速也。

二端既立[55]，报以二礼[56]：建设朝事，燔燎膻、芗[57]，见以萧光，以报气也。此教众反始也。荐黍稷，羞肝、肺、首、心，见间以侠甒[58]，加以郁鬯，以报魄也。教民相爱，上下用情，礼之至也。

君子反古复始，不忘其所由生也。是以致其敬，发其情，竭力从事以报其亲，不敢弗尽也。是故，昔者天子为藉千亩[59]，冕而朱纮，躬秉耒。诸侯为藉百亩，冕而青纮，躬秉耒，以事天地、山川、社稷、先古[60]，以为醴、酪、齐盛，于是乎取之，敬之至也。

古者天子诸侯必有养兽之官，及岁时[61]，齐戒沐浴而躬朝之。牺、牷、祭牲[62]，必于是取之，敬之至也。君召牛，纳而视之，择其毛而卜之，吉，然后养之。君皮弁、素积[63]，朔月、月半，君巡牲，所以至力，孝之至也。

古者天子诸侯必有公桑[64]、蚕室，近川而为之。筑宫，仞有三尺[65]，棘墙而外闭之。及大昕之朝[66]，君皮弁、素积，卜三宫之夫人、世妇之吉者，使入蚕于蚕室，奉种浴于川；桑于公桑，风戾以食之[67]。岁既单矣[68]，世妇卒蚕，奉茧以示于君，遂献茧于夫人。夫人曰：『此所以为君服与？』遂副、袆而受之，因少牢以礼之。古之献茧者，其率用此与[69]？及良日[70]，夫人缫，三盆手[71]，遂布于三宫夫人、世妇之吉者使缫，遂朱、绿之，玄、黄之，以为黼黻、文章。服既成，君服以祀先王、先公，敬之至也。

君子曰：『礼乐不可斯须去身。致乐以治心，则易、直、子、谅之心油然生矣。易、直、子、谅之心生则乐，乐则安，安则久，久则天，天则神。天则不言而信，神则不怒而威。致乐以治心者也。致礼以治躬则庄敬，庄敬则严威。心中斯须不和不乐，而鄙诈之心入之矣；外貌斯须不庄不敬，而慢易之心入之矣。故乐也者，动于内者也；礼也者，动于外者也。乐极和，礼极顺。内和而外顺，则民瞻其颜色而不与争也；望其容貌而众不生慢易焉。故德辉动乎内，而民莫不承听；理发乎外，而众莫不承顺。故曰：「致礼乐之道，而天下塞焉，举而措之无难矣。」乐也者，动于内者也；礼也者，动于外者也。故礼主其减，乐主其盈。礼减而进，以进为文；乐盈而反，以反为文。礼减而不进则销，乐盈而不反则放。故礼有报而乐有反。礼得其报则乐，乐得其反则安。礼之报，乐之反，其义一也[72]。』

曾子曰：『孝有三：大孝尊亲，其次弗辱，其下能养。』公明仪问于曾子曰：『夫子可以为孝乎？』曾子曰：『是何言与！是何言与！君子之所谓孝者，先意承志[73]，谕父母于道。参直养者也，安能为孝乎？』

曾子曰：『身也者，父母之遗体也。行父母之遗体，敢不敬乎？居处不庄，非孝也；事君不忠，非孝也；莅官不敬，非孝也；朋友不信，非孝也；战陈无勇[74]，非孝也。五者不遂，灾及于亲，敢不敬乎？亨、熟、膻、芗，尝而荐之，非孝也，养也。君子之所谓孝也者，国人称愿然曰：「幸哉有子如此。」所谓孝也已。众之本教曰孝，其行曰养。养，可能也，敬为难；敬，可能也，安为难[75]；安，可能也，卒为难[76]。父母既没，慎行其身，不遗父母恶名，可谓能终矣。仁者，仁此者也；礼者，履此者也；义者，宜此者也；信者，信此者也；强者，强此者也。乐自顺此生，刑自反此作。』

曾子曰：『夫孝，置之而塞乎天地，博之而横乎四海[77]，施诸后世而无朝夕，推而放诸东海而准[78]，推而放诸西海而准，推而放诸南海而准，推而放诸北海而准。《诗》云：「自西自东，自南自北，无思不服[79]。」此之谓也。』

曾子曰：『树木以时伐焉，禽兽以时杀焉。夫子曰：「断一树，杀一兽，不以其时，非孝也。」孝有三：小孝用力，中孝用劳，大孝不匮[80]。思慈爱忘劳，可谓用力矣。尊仁、安义，可谓用劳矣。博施、备物[81]，可谓不匮矣。父母爱之，喜而弗忘；父母恶之，惧而无怨[82]；父母有过，谏而不逆；父母既没，必求仁者之粟以祀之[83]。此之谓礼终[84]。』

乐正子春下堂而伤其足，数月不出，犹有忧色[85]。门弟子曰：『夫子之足瘳矣[86]，数月不出，犹有忧色，何也？』乐正子春曰：『善如尔之问也！善如尔之间也！吾闻诸曾子，曾子闻诸夫子，曰：「天之所生，地之所养，无人为大，父母全而生之，子全而归之，可谓孝矣。不亏其体，不辱其身，可谓全矣。故君子顷步而弗敢忘孝也[87]。」今予忘孝之道，予是以有忧色也。一举足而不敢忘父母，一出言而不敢忘父母。一举足而不敢忘父母，是故道而不径，舟而不游，不敢以先父母之遗体行殆。一出言而不敢忘父母，是故恶言不出于口，忿言不反于身。不辱其身，不羞其亲，可谓孝矣。』

昔者，有虞氏贵德而尚齿，夏后氏贵爵而尚齿，殷人贵富而尚齿，周人贵亲而尚齿。虞、夏、殷、周，天下之盛王也⑱，未有遗年者。年之贵乎天下久矣，次乎事亲也。是故，朝廷同爵则尚齿。七十杖于朝，君问则席。八十不俟朝，君问则就之，而弟达乎朝廷矣。行，肩而不并，不错则随。见老者则车、徒辟⑲；斑白者不以其任行乎道路，而弟达乎道路矣。居乡以齿，而老、穷不遗，强不犯弱，众不暴寡，而弟达乎州、巷矣。古之道，五十不为甸徒⑳，颁禽隆诸长者㉑，而弟达乎狩狩矣。军旅什伍㉒，同爵则尚齿，而弟达乎军旅矣。孝弟发诸朝廷，行乎道路，至乎州、巷，放乎獀狩㉓，修乎军旅㉔，众以义死之而弗敢犯也。

祀乎明堂㉕，所以教诸侯之孝也；食三老、五更于大学，所以教诸侯之弟也。祀先贤于西学，所以教诸侯之德也；耕藉，所以教诸侯之养也；朝觐，所以教诸侯之臣也。五者，天下之大教也。

食三老、五更于大学，天子袒而割牲，执酱而馈，执爵而酳，冕而总干，所以教诸侯之弟也。是故，乡里有齿，而老、穷不遗，强不犯弱，众不暴寡，此由大学来者也。

天子设四学，当入学而大子齿。天子巡守，诸侯待于竟，天子先见百年者。八十、九十者东行，西行者弗敢过㉖；西行，东行者弗敢过。欲言政者，君就之可也。

一命齿于乡里，再命齿于族，三命不齿。族有七十者，弗敢先。七十者，不有大故不入朝；若有大故而入，君必与之揖让，而后及爵者。

天子有善，让德于天；诸侯有善，归诸天子；卿大夫有善，荐于诸侯；士、庶人有善，本诸父母，存诸长老[97]；禄爵庆赏，成诸宗庙；所以示顺也。昔者，圣人建阴阳天地之情，立以为《易》[98]。易抱龟南面[99]，天子卷冕北面，虽有明知之心，必进断其志焉，示不敢专，以尊天也。善则称人，过则称己。教不伐，以尊贤也。

孝子将祭祀，必有齐庄之心以虑事，以具服物，以修宫室，以治百事。及祭之日，颜色必温，行必恐，如惧不及爱然。其奠之也，容貌必温，身必屈，如语焉而未之然。宿者皆出[100]，其立卑静以正，如将弗见然。及祭之后，陶陶遂遂[101]，如将复入然。是故，悫善不违身，耳目不违心，思虑不违亲。结诸心，形诸色，而术省之，孝子之志也。

建国之神位：右社稷而左宗庙。

【注释】

①郑玄说：名曰『祭义』者，以其记祭祀、斋戒、荐羞之义也。②数：频繁。③烦：疲劳。④疏：稀疏。⑤禘：孙希旦说『禘当作礿，诸侯春祭之名』。⑥秋：郑玄说，霜露既降，《礼》说在秋，此无秋字，盖脱尔。依郑说补。⑦怵惕：惊惧。⑧僾然：仿佛。位：依《说苑》当为『容』。此容字杂入下句『闻其容声』中，使『闻其容』悖误。⑨周：转。⑩怍：容色改变。⑪齐齐：恭敬严整。⑫愉愉：和颜悦色。⑬勿勿：勉勉，殷勤。⑭欲色：嗜好的样子。⑮明发：天刚亮，指通宵达旦。⑯有：又。二人：指父母。⑰济济：祭祀时仪容。漆漆：庄敬恭谨的样子。⑱自反：自己修正。⑲君子：指百官。⑳恍惚：即通神。㉑此时：祭祀之时。㉒虚中：心无杂念。㉓此句重出。㉔谕：愉，愉快。㉕庶或：仿佛。㉖屈：前屈。㉗固：粗鄙、粗野。㉘郑玄说：『而』是衍字。㉙俨恪：庄严恭敬。㉚郑玄说：孝子不失其孺子之心。㉛错：施行。

㉜穆：主祭人的嗣子。答：对。㉝序从：按次序跟随着国君。㉞丽：系、拴。㉟袒：开。毛牛：取牛的毛。㊱尚耳：以耳毛为上。㊲封：剖割。㊳膟：血。膋：肠间脂肪。㊴此处与《淮南子》略有不同。依本说。㊵坎：坑。㊶月生于西：孙希旦说，月晦后生明，始见于西方。㊷巡：陆德明说『依注音沿』。沿：衔接。㊸和用：郑玄说是『和』『物』互文；孔颖达说『和谓百姓和谐，用谓财用丰足』。㊹奇邪：奇异邪恶。㊺盛：充盛。㊻郑玄说是『此圣人教之至极』。㊼众生：一切有生命的。㊽毙：腐败、腐烂。㊾阴：荫。郑玄说：言人之骨肉荫于地中为土壤。㊿昭明：孙希旦说是『光景之著见』。(51)焄：香臭气味。蒿：气味发散。(52)凄怆：使人感伤。(53)明命：郑玄释为『尊名』。(54)黔首：百姓。(55)二端：指鬼神。(56)二礼：报神报鬼之礼，详下文。(57)见《郊特牲》注。见：间。(58)侠甒：两甒玄酒。侠两。(59)藉：籍田。(60)先古：先祖。(61)岁时：每年按时。(62)牺：色纯的牛。牷：肢体完具的牛。(63)积：愤。(64)公桑：公家种桑的地方。(65)仞：墙七尺。(66)大昕之朝：三月初一早晨。(67)戾：干。食：喂养。(68)岁既单：三月末，四月初。(69)率：大体。(70)良日：吉日。(71)三盆手：在盆里浸手三次。(72)此段已见《乐记》，不再注译。(73)先意：在父母未说以前就已意会。承志：按父母的意思去做。(74)战陈：战阵。(75)安：自然。(76)卒：终己一生。(77)溥：通『敷』，分布、散布。横：充溢、充满。(78)放：至。(79)思：助词。(80)匮：竭尽。孙希旦说『言其所及者远』。(81)博施：孙希旦释为『德教加于四海刑于百姓』。(82)惧：戒惧。指自我反省，谨慎行事。(83)仁者之粟：指自己得到的俸禄。(84)礼终：行礼终生。(85)忧：忧愁。(86)瘳：病愈。(87)顷：郑玄说，顷当为跬。跬：半步。(88)盛王：有高尚品德的君王。(89)辟：避让。(90)甸徒：田猎的差役。(91)颁：分发。隆：多。(92)什伍：士卒。五人叫伍，二伍叫什。(93)放：仿效、效法。(94)修：遵循。(95)明堂：郑玄说，明堂宗祀文王。(96)东行、西行：在路的东边、西边行走。(97)存：《正字通》注：同荐。(98)易：孙希旦说是『卜筮之书』。(99)易：卜筮的官吏。

⑩宿者：助祭的宾客。⑪陶陶遂遂：思念结于心中又发散于外，即王梦鸥所说『恍恍惚惚』之意。

【译文】

祭礼不要频繁，频繁就会疲劳，疲劳了就会失去恭敬的心情。祭礼也不能稀疏，稀疏就使人怠慢，怠慢就会使人淡忘了。所以有才识的人就使它和自然运行的法则相配合：春天禘祭，秋天尝祭。秋天，霜露已经降临大地，有才识的人走在上面，一定会有凄凉的感觉，这种感情不是因为寒冷，而是思念故去的亲人。春天，雨露已经湿润了大地，有才识的人走在上面，必定会有惊醒的心情，好像将要见到重返人间的亲人。人们用欢乐的心绪迎接亲人到来，用悲哀的心绪送别亲人离去。所以春天禘祭用乐舞，而秋天尝祭就没有乐舞。

祭祀之前，要在寝处清洁调整身心，致斋三天，散斋七天。致斋那天，要思念死者生前的起居、笑语、兴趣、愿望、喜欢和嗜好的情形。致斋这三天，就要在脑海里显现出所要祭奉的亲人的形象。

祭祀那天，进入放置灵位的庙室，仿佛看到了亲人的面容。祭祀以后，转身出门，心情肃穆地像听到亲人说话的声音。出门之后，耳边还好似听到亲人叹息的声音。先王孝敬亲人，亲人的面容永不离他的眼里，亲人的声音永远响在他的耳边，亲人的心意爱好永远留在他的心里。对亲人表达爱心就要把他们留存在心里，表达诚信就能在脑海里显现亲人的形象。在心里留存显现亲人的形象，怎么能不恭敬呢？

君子在父母在世时恭敬赡养，去世后虔敬祭享，考虑的是一生都不辱没父母的名声。君子有一生的丧事，说的是每年父母忌日。忌日不做别的事，并非不吉利，而是说那天非常思念父母，不愿去尽力做自己的事情。

只有圣人能祭祀上天，孝子能祭祀父母。飨，就是『向』的意思。诚心相向，然后神灵才能享受。由于这个原因，孝子站在尸的面前，脸色不会有变化。国君牵着祭牲，夫人进献盎齐。国君献尸，夫人献豆。卿大夫辅助国君，命妇辅助夫人。敬意表现为恭敬严整的动作，虔诚表现为和颜悦色的姿态，殷勤地期望着神灵能够享受。

文王举行祭祀，敬事死者如侍奉生者一样，思念死者时痛不欲生。忌日那天必定悲哀至极，提到父母的名字就像见到父母一样。奉献祭品时的诚恳，好像看到父母生前喜爱、嗜好的神色。这样做的大概只有文王吧？《诗经》说：『直到天亮还没睡着，又是思念父母。』这是怀念文王的诗句。祭祀的第二天，一夜不睡，备办百物让他们来尝，接着又思念他们。祭祀的那天，欢喜悲哀参半：亲人来享受当然高兴，享毕要离去又感到悲哀。

孔子举行尝祭，端着祭品献上亲人的灵位时，走路很快，步子急促。祭过以后，子赣问道：『您说祭祀的时候，需庄重的仪容，庄敬恭谨的心情。现在您祭祀，不是这样子，为什么呢？』孔子说：『仪容庄重是疏远的表情，恭敬是自己的修正。仪容庄重又自己修正，怎么能和神明相互沟通呢？怎么会有济济漆漆的样子呢？天子诸侯的祭祀，行礼以后返回室内行馈食之礼，乐到合舞而完成，进献笾、豆、熟食。排列礼乐次序，助祭人员齐备，表现出庄重的仪容。恭敬的心情，怎么会和神灵相互沟通呢？所以说，祭礼不只是一方面，而主人和来宾各有自己所应承当的事。』

孝子将要举行祭祀，一切事情都要预先考虑，到时所需器具物品，都要预备齐全。心里没有杂念，专心致志处理这些事情。庙宇已经修缮，墙屋间隔已经设置，执事人员齐备，夫妇斋戒沐浴，衣冠齐整，捧着祭品进前，恭恭敬敬，好像端不住，又好像要失手，孝敬之心到了极点。已经端着祭品献上，在这时，心情愉快，和神明相互沟通，仿佛神灵在享用祭品。仿佛神灵在享用祭品，这是孝子的心愿。

孝子祭祀，是竭尽诚心表现出诚心的行为，竭尽信念而表现出确信有神灵的样子，竭尽敬意而表现出敬事鬼神的举动，竭尽礼节而没有过失。进退时恭恭敬敬，仿佛在倾听双亲吩咐有什么要使唤。观看孝子祭祀就可以知道他的孝敬：孝子站立的时候，用前屈身体表示孝敬；端着祭品进献时，面色和悦表示孝敬；奉献祭品时，用想让神灵享受的心情表示孝敬；献完退后站立时，好像在听从父母的吩咐；撤去祭品退下时，恭敬庄重的神色一直留在脸上。孝子祭祀，站立时身体不前屈显得粗野；进献时面色不和悦显得疏远；奉献时不想让神灵享受是没有爱心；退后站立不像听从吩咐的样子是傲慢；撤去祭品退下时，脸上就没有恭敬庄重的神色，这是忘记了所祭的亲人。像这样祭祀是不对的。

孝子对亲人有深爱之心，自然会和气；有和气，自然会有愉快的神色；有了愉快神色，自然会表现出婉顺的样子。孝子祭祀进献时，像拿着贵重的玉器、端着满杯的水一样，恭恭敬敬，似乎拿不动，又怕失手打碎。做出威严、恭敬的样子，不是侍奉父母的态度，而是成人的仪容。

先王能够治理天下的原因有五个：一是尊重有德的人，二是尊重有社会地位的人，三是尊重老人，四是尊敬长者，五是爱护晚辈。这五个原因就是先王用来安定天下的。为什么尊重有德的人，是因为他切近天理人情。尊重有地位的人，是因为他靠近国君。尊重老人，是因为他近似父母。尊敬长者，因为他近乎长兄。爱护晚辈，因为他和子女无异。所以，至孝的人能感动人心而近于天下人归顺的『王』，至悌的人能抑强扶弱而近于众人佩服的『霸』。至孝的人近于王，是因为天子也要侍奉父母；至悌的人近于霸，是因为诸侯也会尊敬长兄。因为这个原因，先王的教化没有改变，并且用它来统治天下国家。

夫子说：『树立仁爱之心从侍奉父母开始，这是教育人民慈睦；树立恭敬之心从尊敬长辈做起，这是教育人民和顺。教育人们慈睦，人们就知道亲情的可贵；教育人们敬长，人们就知道遵从长者的命令，用孝心来侍奉双亲，用遵从来接受命令。这样在天下施行，就没有行不通的事了。』

举行祭天的时候，有丧事的人家不敢哭号，穿丧服的人不敢进入国门。这是恭敬至极的事。宗庙祭祀的那天，国君牵着祭牲，他儿子面对着他、协助他，卿大夫按次序跟随在后。进入庙门，把祭牲拴在宗庙中庭的石碑上，卿大夫袒开衣服宰牛，取牛耳上的毛，以耳毛为上；再用鸾刀剖开牛腹，取血和肠间的脂肪献祭，然后退去。等到用血毛和半熟的肉祭祀完毕就退去。这也是恭敬至极的事。

祭天，是报答自然的赐予，祭的主要对象是太阳，以月亮相配。夏后氏在日落时举行，殷人在天亮以后，周人从天亮到天黑。祭太阳在台上，祭月亮在坑内，用来区别明亮与幽暗，制定上下的分界。祭太阳在东郊，祭月亮在西郊，用来分别外内，端正位置。太阳升起在东方，月亮出现在西方；日月阴阳，昼短夜长，结束和起始互相衔接，达到天下的和谐。

天下的礼的意义有五：一是使人报答上天，二是沟通鬼神，三是财用丰足，四是建立伦理，五是辞谢谦让。报答上天，目的是厚重本始；沟通鬼神，目的是尊重上神；财用丰足，目的在建立纲纪；建立伦理使上下不发生悖逆；辞谢谦让，可以使人们去除争执冲突。兼具这五种意义，可以用来治理天下的礼，即使出现奇异邪恶，不能治理的事情也很少了。

宰我说：『我听到鬼神的名称，不知道说的是什么。』孔子说：『气是由于神的充盛生发在外而有的，魄是由于鬼的充盛生发在外而有的。合鬼神祭祀，是圣人教化的至极。』凡是有生命的必有一死，死后必然归于土中，这就叫作鬼。骨肉在地下腐烂，化作土壤。它的气散发飘扬到天空，成为显现的光景、香臭的气味，并使人感伤，这就是生物的精灵，成为可以显现的神。依照生物的精灵，制定为尊极的称呼，叫鬼神。作为百姓尊崇的对象，使天下的官民都畏惧敬服。

圣人认为这样做还不能表达感情，于是建筑宫室，作为宗庙、祧庙，用来区别亲疏远近，教导人们追溯、纪念始祖，不忘记自己从何而来。人们信服这种教导，很快就听从了。

鬼神的名称已经确立，就回报以两种礼仪。一是设置『朝践』的礼仪，把血腥的祭物放在香蒿上焚烧，气味中夹杂着火光，这是用气味报神，教育人们回返神气。二是设置『馈食』的礼仪，进献黍稷和肝肺首心，以及两壶酒，还有香草酒，这是用来回报鬼的，教育人们相亲相爱，上下都用人情处事。这是礼的至极。

君子回返本原，不忘自己从何而来。用这个方法表达自己的敬意，抒发自己的感情，竭尽能力去做事，回报父母生育的恩德，不敢不尽心尽力。从前，天子有籍田千亩，戴着有红色帽带的礼帽，亲自用耒耜耕种；诸侯有籍田百亩，戴着有青色帽带的礼帽，亲自用耒耜耕种，用谷物来供给祭祀天地、山川、社稷、祖先使用；祭祀用的酒浆、熟食，也全是从这里取来。这才是恭敬至极。

古时候，天子诸侯一定有养兽的官吏。每年到一定时间，天子诸侯斋戒、沐浴，亲自去巡视祭牲。祭祀用的牲牛、牷牛，必须从这里取出，恭敬至极。国君命人取牛，进纳并察看，挑选牛的毛色并占卜决定。如果是吉兆，然后专门饲养。每月初一、十五，国君穿戴礼服去巡视。这样尽力去做，是孝敬至极的表现。

古时的天子诸侯，一定有自己的桑园和养蚕的地方。建筑一丈高的敞屋，墙上布有棘刺，把门反锁上。三月初一早晨，国君穿戴礼服，占卜选择后宫中有吉兆的夫人世妇，让她们到蚕室养蚕。她们捧着蚕种在河里漂一漂，再到桑园采摘桑叶，晾干桑叶用来喂蚕。三月末时，世妇结束养蚕，捧着蚕茧请国君检视，接着就把蚕茧献给夫人。夫人说：『这就是用来为国君做祭服的吗？』于是穿戴礼服首饰接受蚕茧，用羊豕二牲来祭它。古代献茧，大概都用这个礼仪。到了选定的吉日，夫人缫丝，在盆里泡了三次手，然后把蚕茧分发给有吉兆的夫人世妇，让她们缫丝。接着，就染成红、绿、黑、黄等颜色，织成有图案花样的布料。祭服做成，国君穿上祭祀先王、先公。这是恭敬至极了。

曾子说：『孝敬有三：最大的孝敬是使父母得到人们的尊敬；其次是不辱没父母的名声；最下等的是能供养双亲。』他的弟子公明仪问曾子说：『您可以算是孝敬了吧？』曾子说：『这是哪里的话，这是哪里的话！君子所谓的孝敬是，在父母没有表示以前，就知道他们的意思，提前就做了，又能使父母明白那是做人的道理。我只是能够供养父母的人，怎么能算是孝敬呢？』

曾子说：『身体是父母给留下的。用父母给留下的身体去做事，怎敢不恭敬呢？日常起居不庄重，是不孝；为国君效力而不忠心，是不孝；为官却不谨慎，是不孝；朋友间缺乏信任，是不孝；作战没有勇气，是不孝。这五点不能做到，灾祸还会连累到父母，怎么敢不恭敬呢？烹熟食、烧膻芗，品尝之后献上，这不是孝敬，是供养。君子的所谓孝敬是让国人颂扬钦羡，说：『有这样的儿子真是福气啊！』像这样，才是所谓的孝敬。教育众人的根本在行孝，表现在行为上叫「养」。养可能做得到，有敬意的养就难了；有敬意的养也许能做到，但做得自然就难了；做得自然大概能做到，但能够一生都这样就难了。父母去世后，自己能够谨慎行事，不给父母带来不好的名声，这就是能够终身行孝了。所谓仁，就仁在这里；所谓礼，就做到这样；所谓义，就是合乎这点；所谓信，就是证实这点；

所谓强，就是强在此处。人间的快乐是依照这个而产生，社会的惩罚也是背离这点而出现。』

曾子说：『孝，直立着就会充满天地，分散着就会充溢四海，施行后世也时时刻刻存在，推行到东、西、南、北四海的一切地方，都是效法的准则。《诗经》说：从西向东，从南到北，没有不遵从的。说的就是这个意思。』

曾子说：『树木要在应该砍伐时砍伐，禽兽要在应该宰杀时宰杀。老师说：「砍伐一棵树，宰杀一只禽兽，不在该做的时候做了，是不孝。」孝有三：小孝用体力，中孝兼用心智，大孝能永远维持孝心。思念父母的慈爱，忘记了供养父母的劳累，可以说是用力了。尊崇仁德，习惯道义的行为，可以说是用劳了。把仁德的教育施行到四海，使人们都受到仁德的恩惠，可以说是不匮了。

父母喜爱自己，就高兴而且永远不忘；父母不喜欢自己，应自我反省而谨慎行事，没有怨言。父母有过错，可以劝谏但不违逆他们的意志。父母已经过世，必须用自己得到的俸禄来祭祀他们。这叫作行礼终生。』

乐正子春下堂时伤了脚，几个月没有出门，还是很忧愁。他的门下、弟子说：『老师的脚不是好了吗？几个月不出门，还是很忧愁，为什么呢？』乐正子春说：『你问得真好啊！你问得真好啊！我听曾子说过，曾子是听孔子说的：天地生养的万物中，没有比人更伟大的了。父母齐齐全全地生养了我们，子女又齐齐全全地归还给他们，这就是「孝」。没有毁坏缺损自己的身体，没有辱没自己的名声，这就是「全」。所以有才识的人走一步半步路也不敢忘记孝道。这次我却忘了孝道，因而有了忧愁。每走一步路，每说一句话，都不敢忘记父母。每走一步路，必然走大路不走小路，有船就不游水，不敢用父母留下的身体去做危险的事。每说一句话，必然不说难听的话，也不会招来别人的指责、辱骂。不辱没自身，不使父母难堪，可以说是孝了。』

以前，有虞氏时尊崇道德品行，并以年长者为上；夏后氏时尊崇功勋爵位，并以年长者为上；殷人尊崇财富俸禄，并以年长者为上；周人尊崇人伦亲情，并以年长者为上。虞、夏、殷、周是天下有高尚品德的君主，也没有忽视对年长者的尊尚。年长者被尊尚，是由来已久的了，而且仅次于侍奉双亲。因此，在朝廷上爵位相同就按年龄，老者在上。七十岁还没辞官的，可以拄着拐杖上朝，国君有询问的事就赐予他座席。八十岁不在朝廷侍候，国君如有询问，就要到他家里请教。这就是悌道通行在朝廷了。走路时，不能和长者并肩前行，是兄辈就错后一些，是长辈就跟随在后面走。见到年长的人，乘车或走路，都要避让一旁。头发花白的人不挑着担子在路上走，要有人代劳。这样悌道就通行在道路上了。居位乡间，也要长者为先，不遗弃老的、穷的，强不欺弱，众不欺寡。这样悌道就通行在州巷了。古时候的规矩，五十岁以上的人不做田猎的差役，分发猎物时，年长的人多得。这样悌道就通行在狩猎中了。在军队士卒中，官职相同的，年长的为上。悌道也就通行在军队中了。孝悌的行为从朝廷产生，通行在道路上、州巷里，狩猎和军队中也效法遵循，众人可以为孝悌去死，这样就没有人敢侵犯了。

周人在文王庙举行祭祀，是用来教导诸侯孝敬父母；请年长的人在太学里宴饮，是用来教导诸侯敬事兄长；在小学里祭祀先代贤人，是教给诸侯做人的品德；在籍田里耕种，是教给诸侯终养父母的方法；举行朝觐的礼仪，是教给诸侯怎样做臣下。这五件事是执掌天下的人施行的最重要的教育。

在太学里宴请年老的人时，天子袒开衣服，分割牲体，拿着肉酱献食；食毕，拿着酒杯请漱口；戴冕持盾，率领臣下献舞。这是教给诸侯孝悌。所以乡间也尊尚年老的人，老的、穷的不遗弃，强不欺弱，众不欺寡，这都是从太学里学来的。

天子在京都的东、西、南、北设立四代的学校，在入学时，太子也和学子们一样按年龄大小排列。天子巡守时，诸侯在自己国境上等待。天子到达，先看望年满百岁的人。八九十岁的人在路的东边行走，在路西并行的人不能超过他们。相反也是同样的。

八九十岁的人想谈论政事，国君应去拜访他。一命的官，还要和乡间的人按年龄排列大小；二命的官，要和族人论年龄大小；三命的官不再和族人按年龄大小排列，但七十岁以上的族人，还要让他在前。七十岁的人没有重大事情不入朝；如有重大事情到朝廷上，国君对他必须客气，然后才轮到爵位高的人。

天子做了好事，要把美德让给上天；诸侯做好事，应归功给天子；卿大夫做好事，归功给诸侯；士和百姓做了好事，应归功给父母和长辈的教导。得到爵位、俸禄等赏赐，要到宗庙祭告祖先。这都是表示顺从。以前，圣人立阴阳天地的吉凶变化，并写入专门记载这类现象的卜筮的书中。掌管卜筮的官吏抱着宝龟面朝南，天子穿戴衮冕面朝北，尽管天子洞察事理，也必须进前让他断定自己想做的事情。这是表示不敢专擅，尊崇上天。做了好事就说是别人做的，有过错就说是自己做的，这是使人不夸耀而尊敬比自己更贤德的人。

孝子将要举行祭祀，必然专心致志地考虑祭祀的事情。准备祭服祭品，修缮宗庙，处理一切事务。到祭祀那天，必须脸色温和，走路急促，好像害怕见不到亲人的样子。祭奠时，态度必须温和，身体前屈，好像在听亲人说话而还没听完的样子。到助祭的人都退出时，孝子还是静静站立在那儿，好像将要看不到亲人了。祭祀完毕，孝子恍恍惚惚，好像亲人会再次进来。因此，诚恳善良的态度一直留在脸上，所见所闻留在心上，思虑也一直留在亲人的身上。思念在内心，表现在外表，回忆着，反省着，这是孝子的心理。建立国家的神位，祭社稷的庙在右边，左边是祖宗的庙。

仲尼燕居[1]

仲尼燕居，子张、子贡、言游侍，纵言至于礼。[2]子曰：『居[3]！女三人者[4]。吾语女礼，使女以礼周流[5]，无不遍也。』子贡越席而对曰：『敢问何如？』子曰：『敬而不中礼谓之野[6]，恭而不中礼谓之给[7]，勇而不中礼谓之逆。』子曰：『给夺慈仁[8]。』子曰：『师！尔过，而商也不及。子产犹众人之母也，能食之，不能教也。』子贡越席而对曰：『敢问将何以为此中者也？』子曰：『礼乎礼。夫礼，所以制中也。』

子贡退，言游进曰：『敢问礼也者，领恶而全好者与[9]？』子曰：『然。』『然则何如？』子曰：『郊、社之义，所以仁鬼神也[10]。尝、禘之礼，所以仁昭穆也。馈、奠之礼，所以仁死丧也。射、乡之礼，所以仁乡党也。食、飨之礼，所以仁宾客也。』子曰：『明乎郊、社之义，尝、禘之礼，治国其如指诸掌而已乎！是故以之居处有礼，故长幼辨也。以之闺门之内有礼，故三族和也[11]；以之朝廷有礼，故官爵序也；以之田猎有礼，故戎事闲也；以之军旅有礼，故武功成也。是故宫室得其度，量、鼎得其象[12]，味得其时，乐得其节，车得其式，鬼神得其飨，丧纪得其哀，辩说得其党，官得其体，政事得其施，加于身而错于前[13]，凡众之动得其宜。』

子曰：『礼者何也？即事之治也。君子有其事必有其治。治国而无礼，譬犹瞽之无相与，伥伥乎其何之[14]？譬如终夜有求于幽室之中，非烛何见？若无礼，则手足无所错，耳目无所加，进退、揖让无所制。是故，以之居处，长幼失其别，闺门、三族失其和，朝廷、官爵失其序，田猎、戎事失其策，军旅、武功失其制，宫室失其度，量、鼎失其象，味失其时，乐失其节，车失其式，鬼神失其飨，丧纪失其哀，辩说失其党，官失其体，政事失其施，加于身而错于前，凡众之动失其宜。如此，则无以祖洽于众也[15]。』

子曰：『慎听之！女三人者。吾语女，礼犹有九焉[16]，大飨有四焉。苟知此矣，虽在畎亩之中[17]，事之，圣人已。两君相见，揖让而入门，入门而县兴，揖让而升堂，升堂而乐阕，不管《象》《武》《夏》龠序兴[18]，陈其荐、俎，序其礼乐，备其百官，如此而后，君子知仁焉。行中规，还中矩，和、鸾中《采齐》，客出以《雍》，彻以《振羽》[19]，是故君子无物而不在礼矣。入门而金作[20]，示情也；升歌《清庙》，示德也；下而管《象》，示事也。是故古之君子，不必亲相与言也，以礼乐相示而已。』

子曰：『礼也者，理也；乐也者，节也。君子无理不动，无节不作。不能《诗》，于礼缪；不能乐，于礼素[21]；薄于德，于礼虚。』子曰：『制度在礼，文为在礼，行之，其在人乎？』子贡越席而对曰：『敢问夔其穷与[22]？』子曰：『古之人与？古之人也。达于礼而不达于乐，谓之素；达于乐而不达于礼，谓之偏。夫夔达于乐而不达于礼，是以传此名也，古之人也。』

子张问政。子曰：『师乎，前！吾语女乎！君子明于礼乐，举而错之而已[23]。』子张复问。子曰：『师！尔以为必铺几、筵，升降，酌、献、酬、酢，然后谓之礼乎？尔以为必行缀兆[24]，兴羽龠[25]，作种鼓，然后谓之乐乎？言而履之，礼也；行而乐之，乐也。君子力此二者，以南面而立。夫是以天下太平也，诸侯朝，万物服体[26]，而百官莫敢不承事矣[27]。礼之所兴，众之所治也；礼之所废，众之所乱也。目巧之室[28]，则有奥、阼[29]，席则有上下，车则有左右，行则有随，立则有序，古之义也。室而无奥、阼，则乱于堂、室也。席而无上下，则乱于席上也。车而无左右，则乱于车也。行而无随，则乱于涂也。立而无序，则乱于位也。昔圣帝、明王、诸侯，辨贵贱、长幼、远近、男女、外内，莫敢相逾越，皆由此涂出也。』三子者，既得闻此言也于夫子，昭然若发矇矣[30]。

【注释】

①郑玄说：名曰『仲尼燕居』者，善其不倦，燕居犹使三子侍之，言及于礼。著其字，言事可法。任铭善说：此篇记孔子泛言礼乐之事，而多及郊社禘尝食飨之义。②纵言：广泛地谈论。③居：郑玄说是『使之坐』。④女：你们。⑤周流：周游。⑥中：合乎。野：粗鄙。⑦给：交结。这里含有贬义。⑧夺：混淆，与……相似。⑨领：治，去除。全：保全。⑩仁：对人亲善、仁爱。⑪三族：郑玄说是父、子、孙三族。⑫象：法。⑬错：措置。⑭伥伥：迷茫不知所措。⑮祖洽：率先始合。祖，始。洽，合。⑯九：泛指多数。⑰在畎田之中：指种庄稼的人。⑱序兴：有次序地接连表演。⑲采齐、雍、振羽：均为乐章名。⑳金：指钟乐。㉑素：器物无饰。指单调。㉒穷：不通。㉓错：交互施用。㉔缀兆：乐队的排列位置。㉕羽籥：雉羽和籥。古代文舞用的舞具和乐器。㉖万物服体：孙希旦说是万事莫不顺其理。物，事。㉗承事：奉行职务。㉘目巧：郑玄说是『但用巧目善意作室，不由法度』。㉙奥：房屋的西南角，泛指房屋深处隐蔽的地方。这里指房屋。㉚矇：失明的人、盲人。

【译文】

仲尼在家休息，子张、子贡、子游在身边侍奉，谈论事情时说到了礼。孔子说：『你们三人坐下，我告诉你们礼是怎样的，让你们凭借礼周游，可以遍及任何地方。』子贡应声越过座席说：『请问先生，礼是怎样的呢？』孔子说：『内心敬重而不合于礼，叫作粗鄙；外貌恭敬而不合于礼，叫作巴结；勇敢而不合于礼，叫作逆乱。』孔子说：『巴结会混淆慈仁之德。』孔子又说：『子张，你有些过火，可子夏又不够。郑国大夫子产对众人都有慈母心肠，只会喂养而不会教育孩子。』子贡又应声越过座席说：『请问先生，怎么才算合适呢？』孔子说：『就是那个礼呀！

礼可以使一切行为恰到好处。』

子贡退下，子游上前说：『请问先生，礼是不是就是去掉坏的，而保全好的呢？』孔子说：『是的。』子游又问：『可是这怎么做呢？』孔子说：『郊祭、社祭的意义，是使鬼神得到仁爱。尝祭、禘祭的礼仪，是使昭穆得到仁爱。馈食、奠祭的礼仪，是使死者得到仁爱。乡射、乡饮酒的礼仪，是使乡党得到仁爱。食礼、飨礼，是使宾客得到仁爱。』孔子又说：『明白了郊祭、社祭的意义，尝祭、禘祭的礼仪，那么管理国家就像在手掌上指划那样简单。因此，居处有礼仪，所以长辈、晚辈就分清了；家族之内有礼仪，所以父子孙三族相处和睦；朝廷有礼仪，所以百官的爵位井然有序；田猎有礼仪，所以军事行动就熟练了；军队有礼仪，所以攻战就能成功。因为有礼，宫室就有适当的尺度，量具、鼎器有法定的制式，调和味道有相应的季节，音乐有快慢节拍，车辆有固定的形制，鬼神有各自的供献，丧制有适度的哀思，辩论有拥护自己的人，百官均有各自的职守，政事能够顺利实施，用礼加在身又措置在前，任何举动都能做得适度。』

孔子说：『礼是什么呢？礼就是做事的方法。君子做事一定有自己的办法。治理国家而缺少礼，就像盲人失去了扶助的人，迷茫不知所措；又好像整天在暗室中摸索，没有灯烛怎么能看见呢？如果没有了礼，就会不知手脚怎么摆放，不知耳目应该听看什么，进前、退后、作揖、谦让都失去了尺度。因为失去了礼，在居处长辈、晚辈失去了分别，家室和宗族内失去了和睦，朝廷的官职爵位失去了秩序，打猎作战失去了策划，军队攻战失去了控制，宫室失去了尺度，量具鼎器失去了制式，调味失去了季节，音乐失去了节拍，车辆失去了形制，鬼神失去了供献，丧制失去了悲哀，辩论失去了拥护的人，官吏失去了职守，政事失去了执行。礼没有加在身又没有措置在前，一切举动都不合适了。如果这样，就没有办法聚合民众了。』

孔子说：『你们三人仔细听着！我告诉你们，礼数很多，大飨只是一部分，如能知道这些礼数，即使他只是种地的人，就已是个圣人了。两国国君见面，彼此揖谢谦让进入大门，进门时钟鼓奏响。互相揖谢谦让登堂，登堂以后，奏乐停止。堂下的管乐奏起，就跳《象》舞、《大武》舞、《大夏》舞，文武舞蹈按次序接连跳起。陈列供献的仪器，排列礼乐的次序，执事人员齐备。这样，然后君子懂得了敬重。进退都合乎规矩，铃声相和合于《采齐》乐章的节拍，宾客离去奏《雍》的乐章，撤席时奏《振羽》的乐章，因此君子的举动没有一处不合乎礼的。宾客进门鸣钟奏乐，表达欢乐的情意；登堂歌唱《清庙》之诗，表达赞美；下堂奏管乐，跳《象》舞，是表现祖先的功业。古代的君子不必相互说些谦让的话语，彼此之间的情谊用礼乐就可以表达了。』

孔子说：『礼就是理，乐就是节，君子不做无理无节的事。不懂《诗》，行礼会有错误；不通音乐，行礼就单调；德行浅薄，行礼就虚假。』孔子说：『一切制度在礼的范畴之内，一切修饰的行为也在礼的范畴之内，具体地实行这些，还要靠人来做。』子贡又应声越过座席说：『请问先生，夔懂得音乐，他对于礼不通吗？』孔子说：『你说的是古代的那个人吗？是古代的那个人。通晓礼仪而不通晓音乐的叫作素，通晓音乐而不能通晓礼仪的叫作偏。古代的那个夔，他通晓音乐却不通晓礼仪，因此就传出这种说法。他是古时候的人，不是现代的人。』

子张问到治理政事。孔子说：『子张！上回我没有告诉过你吗？君子了解礼乐，是把它们交互施用到治理政事上罢了。』子张没理解，又问一遍。孔子说：『子张，你以为一定要摆设筵席，倒酒端菜，互相劝酒，这才叫作礼吗？你以为一定要排列乐队，挥动雉羽，吹奏管龠，鸣奏钟鼓，这才叫作乐吗？说出来又可以做的叫作礼，做起来感到快乐的就是乐。君子因致力于礼乐而站在统治者的地位，因此天下也就太平了。各国诸侯来朝贺，万物各顺其理，百官也不敢不奉行职务。礼仪兴盛，社会太平；礼仪败坏，社会动乱。被看作设计巧妙的堂室有房屋有台阶，排列座席总有上下，乘坐车辆要分左右，走路有先后，站立有次序，这是自古以来的道理。建造堂室，而没有房屋台阶，堂和室就分不清了；座席没有上下，座位就杂乱了；乘坐车辆不分左右，车上就混乱了；走路不分先后，路上就乱套了；站立没有次序，位置也就错乱了。从前的圣帝、明王、诸侯，区分身份贵贱、年龄长幼、血缘远近，性别男女、家门内外，没有人敢超越界限，都是从这个道理出来的。」子张三人，从老师这里听到这番道理，就像失明的人重见光明，什么都清楚了。

表记①

子言之：「归乎！君子隐而显，不矜而庄，不厉而威，不言而信。」

子曰：「君子不失足于人②，不失色于人③，不失口于人④。是故君子貌足畏也⑤，色足惮也⑥，言足信也。《甫刑》曰⑦：「敬、忌而罔有择言在躬⑧。」」

子曰：「裼、袭之不相因也⑨，欲民之毋相渎也。」

子曰：「祭极敬⑩，不继之以乐⑪；朝极辨⑫，不继之以倦。」

子曰：「君子慎以辟祸，笃以不掩⑬，恭以远耻。」

子曰：「君子庄敬日强，安肆日偷⑭。君子不以一日使其躬傀焉如不终日⑮。」

子曰：「齐戒以事鬼神，择日月以见君，恐民之不敬也。」

子曰：『狎侮死焉而不畏也[16]』。

子曰：『无辞不相接也，无礼不相见也，欲民之毋相亵也。《易》曰：「初筮告。」「再三渎，渎则不告。」』

子言之：『仁者，天下之表也；义者，天下之制也；报者[17]，天下之利也。』

子曰：『以德报德，则民有所劝；以怨报怨，则民有所惩[18]。《诗》曰：「无言不雠[19]，无德不报。」《大甲》曰：「民非后，无能胥以宁[20]；后非民，无以辟四方[21]。」』

子曰：『以德报怨，则宽身之仁也[22]；以怨报德，则刑戮之民也。』

子曰：『无欲而好仁者，无畏而恶不仁者，天下一人而已矣。是故君子议道自己，而置法以民。』

子曰：『仁有三，与仁同功而异情。与仁同功，其仁未可知也。与仁同过，然后其仁可知也。仁者安仁，知者利仁，畏罪者强仁。仁者右也，道者左也[23]。仁者人也，道者义也。厚于仁者薄于义，亲而不尊；厚于义者薄于仁，尊而不亲。道有至义有考[24]。至道以王，义道以霸，考道以为无失。』

子言之：『仁有数[25]，义有长短小大[26]。中心憯怛[27]，爱人之仁也。率法而强之，资仁者也[28]。《诗》云：「丰水有芑[29]，武王岂不仕[30]，诒厥孙谋[31]，以燕翼子[32]，武王烝哉[33]。」数世之仁也。《国风》曰：「我今不阅[34]，皇恤我后[35]。」终身之仁也。』

子曰：『仁之为器重，其为道远。举者莫能胜也，行者莫能致也。取数多者，仁也。夫勉于仁者，不亦难乎！是故君子以义度人，则难为人；以人望人，则贤者可知已矣。』

子曰：『中心安仁者，天下一人而已矣。《大雅》：「德輶如毛[36]，民鲜克举之[37]，我仪图之[38]。唯仲山甫举之[39]，爱莫助之。」《小雅》曰：「高山仰止[40]，景行行止[41]。」」子曰：「《诗》之好仁如此。向道而行，中道而废[42]，忘身之老也。不知年数之不足也，俛焉日有孳孳[43]，毙而后已。」

子曰：「仁之难成久矣。人人失其所好，故仁者之过易辞也[44]。」子曰：「恭近礼，俭近仁，信近情，敬让以行，此虽有过，其不甚矣。夫恭寡过，情可信，俭易容也[45]。以此失之者，不亦鲜乎！《诗》曰：「温温恭人，唯德之基。」」

子曰：「仁之难成久矣，唯君子能之。是故君子不以其所能者病人，不以人之所不能者愧人[46]。是故圣人之制行也，不制以己，使民有所劝勉愧耻，以行其言。礼以节之，信以结之，容貌以文之，衣服以移之[47]，朋友以极之[48]，欲民之有壹也[49]。《小雅》曰：「不愧于人，不畏于天。」是故君子服其服，则文以君子之容；有其容，则文以君子之辞[50]；遂其辞[51]，则实以君子之德[52]。是故君子耻服其服而无其容，耻有其容而无其辞，耻有其辞而无其德，耻有其德而无其行。是故君子衰绖则有哀色，端冕则有敬色，甲胄则有不可辱之色。《诗》云：「维鹈在梁[53]，不濡其翼。彼记之子[54]，不称其服。」」

子言之：「君子之所谓义者，贵贱皆有事于天下。天子亲耕，粢盛、秬鬯以事上帝[55]，故诸侯勤以辅事于天子。」

子曰：「下之事上也，虽有庇民之大德，不敢有君民之心，仁之厚也。是故君子恭俭以求役仁[56]，信让以求役礼，不自尚其事，不自尊其身，俭于位而寡于欲[57]，让于贤，卑己而尊人，小心而畏义[58]，求以事君，得之自是，不得自是，以听天命。《诗》云：「莫莫葛藟[59]，施于条枚[60]。凯弟君子[61]，求福不回[62]。」其舜、禹、文王、周公之谓与？有君民之大德，有事君之小心。《诗》云：「唯此文王，小心翼翼，昭事上帝[63]，聿怀多福[64]。厥德不回，以受方国[65]。」」

子曰：「先王谥以尊名，节以壹惠[66]，耻名之浮于行也。是故君子不自大其事，不自尚其功，以求处情；过行弗率，以求处厚；彰人之善[67]，而美人之功，以求下贤。是故君子虽自卑而民敬尊之。」

子曰：「后稷，天下之为烈也[68]。岂一手一足哉？唯欲行之浮于名也，故自谓便人[69]。」

子言之：「君子之所谓仁者，其难乎！《诗》云：『凯弟君子，民之父母。』凯以强教之，弟以说安之，乐而毋荒，有礼而亲，威庄而安，孝慈而敬，使民有父之尊，有母之亲。如此而后可以为民父母矣！非至德其孰能如此乎？今父之亲子也，亲贤而下无能；母之亲子也，贤则亲之，无能则怜之。母亲而不尊，父尊而不亲。水之于民也，亲而不尊，火尊而不亲。土之于民也，亲而不尊，天尊而不亲。命之于民也[70]，亲而不尊，鬼尊而不亲。」

子曰：「夏道尊命[71]，事鬼敬神而远之，近人而忠焉[72]，先禄而后威，先赏而后罚，亲而不尊。其民之敝[73]，惷而愚[74]，乔而野[75]，朴而不文[76]。殷人尊神，率民以事神，先鬼而后礼，先罚而后赏，尊而不亲。其民之敝，荡而不静，胜而无耻。周人尊礼尚施[77]，事鬼敬神而远之，近人而忠焉。其赏罚用爵列[78]，亲而不尊。其民之敝，利而巧[79]，文而不惭[80]，贼而蔽[81]。」

子曰：「夏道未渎辞[82]，不求备，不大望于民，[83]民未厌其亲。殷人未渎礼，而求备于民。周人强民[84]，未渎神，而赏爵、刑罚穷矣[85]。」

子曰：「虞、夏之道寡怨于民，殷、周之道不胜其敝。」

子曰：「虞、夏之质，殷、周之文，至矣。虞、夏之文不胜其质，殷、周之质不胜其文。」

子言之曰：「后世虽有作者，虞帝弗可及也已矣。君天下，生无私，死不厚其子，子民如父母，有憯怛之爱，有忠利之教，亲而尊，安而敬，威而爱，富而有礼，惠而能散。其君子尊仁畏义[86]，耻费轻实[87]，忠而不犯，义而顺[88]，文而静，宽而有辨。《甫刑》曰：「德威惟威，德明惟明。」非虞帝其孰能如此乎？」

子言之：「事君先资其言[89]，拜自献其身[90]，以成其信。是故君有责于其臣，臣有死于其言。故其受禄不诬[91]，其受罪益寡[91]。」

子曰：「事君，大言入则望大利，小言入则望小利[93]。故君子不以小言受大禄，不以大言受小禄。《易》曰：「不家食吉[94]。」」

子曰：「事君不下达[95]，不尚辞，非其人弗自[96]。《小雅》曰：「靖共尔位，正直是与。神之听之，式谷以女[97]。」」

子曰：「事君远而谏则谄也，近而不谏则尸利也[98]」。

子曰：「迩臣守和[99]，宰正百官[100]，大臣虑四方。」

子曰：「事君欲谏不欲陈[101]。《诗》云：「心乎爱矣，瑕不谓矣[102]，中心藏之，何日忘之？」」

子曰：「事君难进而易退，则位有序；易进而难退，则乱也。故君子三揖而进，一辞而退，以远乱也。」

子曰：「事君三违而不出竟，则利禄也。人虽曰不要[103]，我弗信也。」

子曰：「事君慎始而敬终。」

子曰：「事君可贵可贱，可富可贫，可生可杀，而不可使为乱。」

子曰：「事君，军旅不辟难，朝廷不辞贱。处其位而不履其事，则乱也。故君使其臣，得志则慎虑而从之，否则孰虑而从之[104]，终事而退，臣之厚也。《易》曰：「不事王侯，高尚其事。」」

子曰：「唯天子受命于天，士受命于君。故君命顺则臣有顺命，君命逆则臣有逆命。《诗》曰：「鹊之姜姜，鹑之贲贲，人之无良，我以为君。」』

子曰：『君子不以辞尽人[105]，故天下有道，则行有枝叶；天下无道，则辞有枝叶。是故君子于有丧者之侧，不能赙焉，则不问其所费；于有病者之侧，不能馈焉，则不问其所欲；有客不能馆，则不问其所舍。故君子之接如水，小人之接如醴；君子淡以成，小人甘以坏。《小雅》曰：「盗言孔甘[106]，乱是用餤[107]。」』

子曰：『君子不以口誉人，则民作忠。故君子问人之寒则衣之，问人之饥则食之，称人之美则爵之。《国风》曰：「心之忧矣！于我归说[108]。」』

子曰：『口惠而实不至，怨灾及其身[109]。是故君子与其有诺责也，宁有已怨[110]。《国风》曰：「言笑晏晏[111]，信誓旦旦[112]。不思其反[113]，反是不思，亦已焉哉！」』

子曰：『君子不以色亲人。情疏而貌亲，在小人则穿窬之盗也与[114]？』

子曰：『情欲信，辞欲巧。』

子言之：『昔三代明王，皆事天地之神明，无非卜筮之用，不敢以其私亵事上帝。是故不犯日月，不违卜筮。卜筮不相袭也。大事有时日[115]，小事无时日[116]，有筮。外事用刚日，内事用柔日[117]。不违龟筮。』

子曰：『牲牷、礼乐、齐盛[118]，是以无害乎鬼神，无怨乎百姓。』

子曰：『后稷之祀易富也[119]，其辞恭，其欲俭，其禄及子孙。《诗》曰：「后稷兆祀，庶无罪悔，以迄于今。」』

子曰：『大人之器威敬。天子无筮，诸侯有守筮[120]。天子道以筮，诸侯非其国不以筮，卜宅寝室。天子不卜处大庙。』

子曰：『君子敬则用祭器。是以不废日月，不违龟筮，以敬事其君长。是以上不渎于民，下不亵于上。』

【注释】

①郑玄说：名曰『表记』者，以其记君子之德见于仪表。②失足：举止不庄重。③失色：容貌不庄重。④失口：言语容仪不戒慎。⑤畏：敬服。⑥惮：敬畏。⑦《甫刑》：《尚书》篇名。孔颖达说也称《吕刑》。⑧忌：戒忌。同：无。躬：自己。⑨因：沿袭、承接。郑玄说：礼盛者以袭为敬，礼不盛者以裼为敬。⑩极：尽。⑪继：继续、延续。乐：欢乐。⑫辨：辨治、治理。⑬掩：困迫。⑭安：安乐。肆：恣肆、放肆。偷：苟且。⑮偾：轻贱。⑯狎：轻狎。侮：侮慢。此句主语郑玄、孔颖达均理解为『小人』，王梦鸥释作『在上位的人』。从王说。⑰报：郑玄释作『礼』。孔颖达说：礼尚往来，相反报物得其利。⑱惩：鉴戒、警诫。⑲雠：回答、反应。⑳胥：相。㉑辟：君。指君临。㉒仁：郑玄说，亦当言民，声之误。㉓右、左：右手、左手。㉔郑玄说此句应为『道有至有义有考』。㉕数：吕大临说，数世之仁，终身之仁，此所施远近之数，故曰『仁有数』。㉖长短大小：吕大临说，义无定体，长短小大唯共所宜。㉗憯：忧伤。怛：痛苦。㉘资：用，利用。㉙芑：通『杞』，枸杞。㉚仕：事。㉛诒：留下。㉜燕：安乐。翼：辅助。㉝烝：君。㉞阅：容纳。㉟皇：暇，工夫。恤：顾及、顾念。㊱輶：轻。㊲鲜：很少。克：能。㊳仪：揣度。图：思考。㊴仲山甫：周宣王大臣。㊵仰：仰望。止：语尾助词。㊶景行：大路。㊷废：力气废竭。㊸俛焉：努力、勤勉的样子。孳孳：不懈怠。㊹辞：辩解。㊺容：容纳、接纳。㊻病、愧：郑玄说是『罪咎之』。㊼移：改变。㊽极：极致、穷尽。㊾壹：专心于善道。㊿辞：辞气，言词声调。(51)遂：完成。(52)实：充实。(53)鹈：鹈鹕。梁：鱼梁，一种捕鱼设置。(54)记：《诗经》作『其』。(55)粢：黑黍。杜预说是『黍稷』。盛：指把粢放在器皿里。(56)役：为、做。(57)俭于位：孙希旦说是不求处尊位。(58)畏：敬服。(59)莫莫：茂密的样子。葛藟：葛藤。(60)施：指缠绕。条：树干。枚：树干。(61)凯弟：和易近

人。(62)回：违。(63)昭：光明。(64)聿：语助词。怀：招来。(65)方国：指诸侯国。(66)节：剪裁，指节取、摘取。(67)彰：宣扬。(68)烈：功业。(69)便人：郑玄说是「便习于此事之人」。(70)命：政令。(71)尊命：尊重政教，勤于民事。(72)忠：竭尽。(73)敝：政教衰败。(74)惷：蠢笨。(75)乔：骄傲。野：放肆。(76)朴：粗鄙。(77)尚：爱好。(78)郑玄说：以尊卑为差。(79)利：贪巧，虚浮不实。(80)文：文饰。(81)贼：伤害。蔽：蒙蔽。(82)渎：烦渎、烦琐。(83)大望：赋税重大而责望于民。(84)强：强劝。(85)穷：孔颖达释作「穷极繁多」。(86)君子：孔颖达说是虞朝之臣。(87)费：靡费、浪费。实：财货。(88)义：尽君臣之义。(89)资：郑玄说是「谋」，即考虑。(90)拜：受命。(91)诬：虚妄不实。(92)罪：过失。(93)入：郑玄说「入或为人」。(94)郑玄说：君有大蓄积，不与家食之而已，必以禄贤者。贤有大小，禄有多少。(95)不下达：郑玄说是「不以私事自通于君」。(96)自：从。(97)式：用。谷：俸禄。以：与。女：汝、你。(98)尸利：如尸之只受享祭而无所事事，比喻受禄而不尽职责。(99)迩臣：侍御、仆从等近臣。和：郑玄说是「调和君事」。(100)宰：冢宰。(101)欲：应该。陈：宣扬。(102)瑕：何，为什么。(103)要：企求。(104)孰：熟。(105)尽人：孙希旦说是「决人之贤否」。(106)孔：特别。(107)餤：进食。引申为增加。(108)原文里「归说」与「归处」「归息」同义。(109)怨灾：埋怨。(110)已：拒绝。(111)晏晏：和悦温柔的样子。(112)旦旦：诚恳的样子。(113)反：违背、违反。(114)窬：通「逾」，越过。(115)大事：有事于大神。(116)小事：有事于小神。(117)见《曲礼》注。(118)牷：纯色。齐：粢。(119)富：郑玄释作「备」，准备、备办。(120)守筮：守国之筮，国家有事就用。

【译文】

孔子身在他国，不被任用，说：「还是回去吧！君子虽然隐处在下面，但道德显著。君子不必矜持就自然庄重，不必严厉就有威仪，不必说话别人就会相信。」

孔子说：『君子待人举止庄重，容貌庄严，言语谨慎。所以君子的仪容令人敬服，面色令人敬畏，言语令人信任。《尚书·甫刑》说：「外表恭敬，内心戒忌，使自己没有让人挑剔的言语。」』

孔子说：『行礼时的服饰，或以露出裼衣为敬，或以衣上加衣为敬，不相承接，那是为使人民不要互相混杂。』

孔子说：『祭礼要尽力表达敬意，虽饮酒旅酬，但不以欢乐为目的；朝廷政事要尽力治理，虽然疲劳，但不能因倦怠了事。』

孔子说：『君子用言行谨慎来避免祸患，用修养笃厚来解除困迫，用恭敬待人来远离耻辱。』

孔子说：『君子庄重恭敬，德行才会一天天地增强；安乐放肆，性情就会一天天地苟且。君子不允许自己的身心有一日的轻贱，好像连一天也无法过去似的不能长久。』

孔子说：『斋戒以后奉祀鬼神，选择日子然后朝见国君，这样做怕的是人们失去恭敬之心。』

孔子说：『做上司的人轻狎侮慢，用死来相威胁，君子也不会畏惧。』

孔子说：『诸侯朝聘之时，没有话说就不交谈，没有礼物就不相见，这样做是使人民不互相轻慢而恭敬。《易经》说：「初次占筮就要告诉问卜的人。」「再三地问就不恭敬了，不恭敬就不再告诉他。」』

孔子说：『仁是天下人的标准仪范，义是天下人的行为法度，礼是天下人的利益。』

孔子说：『以好处回报别人对自己的好处，那么人们就会受到勉励；以怨恶来报复别人对自己的怨恶，那么人们就会得到警诫。《诗经》说：「说话不会没反应，施德不会没报答。」《太甲》说：「人民没有君主，不能互相安宁；君主没有人民，也不能君临四方。」』

孔子说：『以好处来报答别人给自己带来怨恶的，是苟息祸患来容身的人；以怨恶来报答别人对自己的好处的，是应该处以刑罚或处死的人。』

孔子说：『没有私欲、爱好仁德的人，无所畏惧、厌恶不仁的人，天下只有少数这样的人。因此君子谋议道理先从自己开始，施置法度于民也先从自己开始。』

孔子说：『仁德的行为有三种：安仁，利仁，强仁。三者泛爱众人的效果相同而实情各异。和仁的效果相同，都是泛施博爱，那行仁的实情就不能知道了；从和仁的利害关系来看，可以知道行仁的实情。仁德的人安于行仁；智慧的人，知道行仁的利益并想得到它；犯了罪怕受惩罚的人，勉强地行仁。仁就像人的右手，施用推行非常方便；道就像人的左手，施用推行略感勉强。仁就是人情相爱，施以恩德；道就是裁断合适，措置得宜。看重仁的人对道轻视，对人亲爱而缺少尊敬；看重道的人对仁轻视，对人尊敬而缺少亲爱。道有兼行仁义的至极的道，有裁断适度的道，有稽考的道。施行兼行仁义的至极之道的人，可以成为天下之王；施行裁断适度的道，可以为诸侯之长而称霸；施行稽考的道，遇事不会轻率妄动，可以避免过失。』

孔子说：『仁和义都有数和长短大小的区别。遇到事情，心中感到忧伤痛苦，是爱人的仁者；依循法度，勉强行仁，是利用仁德达到自己的目的。《诗经》说：「武王怎不惦念天下的事？就像丰水有枸杞一样。武王给他的子孙留下了良好的计谋，使他们得到安乐。武王真是个伟大的君主啊！」这就是嘉惠若干世代的仁。《国风》说：「连我都不能容纳，哪有工夫顾及我的后代？」这就是随自我死亡而结束的仁。』

孔子说：『仁像非常重的器具、非常远的道路，没有人举得起重器，也没有人能走完这条路，取举重器、走远路的数多的作为仁。这样勉力于仁，不是很困难吧？因此君子如用义的标准衡量人，就很难有人够得上这个；如用一般的标准来求人，就可以知道谁是贤德的人了。」

孔子说：「心中能够安于行仁的人非常少。《大雅》说：『道德如同羽毛一样轻，但很少有人能举起它。我揣度思考，只有仲山甫能举起，人们虽然爱他，但不能帮助他。』《小雅》说：『高山是大家仰望的，大路是众人行走的。』」孔子说：「《诗经》爱好仁德到这种地步。向着大路前行，到了中途力极疲顿，不能继续前进就停止了，忘了自己身体衰老。也不知还能活多久，仍旧每天努力不懈地前行，到死方休。」

孔子说：「行仁而难成功由来已久了！人人都失去了他的爱好，所以行仁之人的过错，很容易辩解。」孔子说：「恭敬接近礼，节俭接近仁，诚实接近人情，恭敬谦让地做事，即使有过错，也不会是大错。能够恭敬，可以少出错；以情待人，可以使人信赖；日用节俭，使人易于接纳。这样做而有过错，不是很少有的事吗？《诗经》说：『温和恭敬才是道德的基础。』」

孔子说：「行仁而难成功由来已久了，只有君子能够成功。所以君子不用自己能做到的事责备人，不用人们做不到的事怪罪人。所以圣人规范别人的行为，不以自己的能力为规范标准，是使人们互相劝勉，知愧知耻，实行圣人的教诲。用礼来节制他们，用信用来笼络他们，用温和的容貌来润泽他们，用衣裳服饰来改变他们，用朋友情义劝勉鼓励他们，使他们穷尽于道，这都是希望他们专心善道。《小雅》说：『待人没有惭愧的地方，对上天也不畏惧。』所以君子们穿上了自己的服装，还要用君子的仪容来文饰；有了仪容，还要以君子的辞气来文饰；辞气清雅，还要用君子的德行来充实。因此君子为只有服饰而缺乏仪容感到羞耻，为只有仪容而缺乏辞气感到羞耻，为只有辞气而缺乏美德感到羞耻，为只有美德而缺乏行为感到羞耻。因而君子穿了丧服就会有悲哀的气色；穿了朝服就会有恭敬的神情；穿上盔甲就会有不可侵犯的表情。《诗经》说：「鹈鹕栖在鱼梁上，居然没有弄湿翅膀。那些没有德行的贵族们，真不配穿他那一身好衣裳。」』

孔子说：『君子的所谓义，无论尊卑贵贱，天下每个人都有要恭敬从事的事情。天子尊贵，也要举行亲耕的仪式，用黍稷、香酒供奉上帝，而诸侯也勤勉地辅佐侍奉天子。』

孔子说：『下属侍奉上司是理所当然的事。上司虽有庇护人民的大德，思考、做事也不敢超出自己的权力地位。这才是厚重的仁德。因此君子恭敬节俭来做仁德的事，诚实谦让来做礼义的事，不把自己的事放在重要地位，不认为自己是高贵的，不要求居于尊贵的地位而清心寡欲，谦让贤人，贬抑自己而尊崇别人，小心谨慎而敬服道义，希望用这种态度来得到国君的信任。得到了这样做，得不到也这样做，听由天命安排。《诗经》说：「正像茂密的葛藤缠绕住枝干，和易近人的君子，求福修德，不违先祖之道。」这大概说的就是舜、禹、文王和周公吧？有作为人民君长的高尚品德，又有从事君长事务的细心。《诗经》说：「这位周文王恭敬小心、光明磊落地奉事上帝，招来许多的福祉，他有德而不违先祖之道，天下的诸侯都来归附。」』

孔子说：『先王用尊崇的声誉加封号给死去的人，只截取那个人的一件美善行为来定谥号，为的是不使名声超过品行。因此君子不夸耀自己做的事情，不推崇自己的功绩，目的在求实。有了过失行为，不让别人跟着照样做，目的在宽厚仁慈地待人。宣扬别人的好处，赞美别人的功绩，目的在对贤良的人表示敬意。所以君子虽然自己贬低自己，但人民却尊敬他。』

孔子说：『后稷是天下创立功业的人，他创始农业，受益的何止一两个人。但为了使实际的行为超过名声，所以自称是个熟悉稼穑诸事的人。』

孔子说：『君子所说的仁，做到它是太难了！《诗经》说：「和易近人的君子是人民的父母。」君子用仁政教育、感化他们，使他们快乐又自强不息，和易顺从又高高兴兴。人民快乐而不荒废事业，有礼仪而不失亲爱，威严庄重而不失安宁，孝顺慈爱而不失恭敬。使人民尊敬自己像对待父亲一样，亲近自己像对待母亲一般，这样然后可以做人民的父母。不是有最高尚的道德，怎么能够这样呢？现在的父亲爱子女，是亲爱有才有德的，轻视无能的；母亲亲爱子女，有才有德的就亲爱，无能的就怜惜他。因此母亲亲近但没尊严，父亲有尊严却难以亲近。水对于人们来说，是可亲近而无尊严的；火，有尊严却不能亲近；土地载养万物，却被人践踏，可亲近而无尊严；天覆盖万物，有尊严却不能亲近。政令是教育人民的，可亲近而行，却无尊严；神道严敬，降人祸福，有尊严，神道无形却不能亲近。』

孔子说：『夏代为政之道是勤于民事，敬奉鬼神，却使它远离政教，通达人情，而竭尽心意。以俸禄为重要，威怒为次要；以赏赐为重要，刑罚为次要，所以夏代的政令亲近而无尊严。到了政教衰败时，人民就变得蠢笨愚昧，骄傲放肆，粗鄙而无文采。殷人推崇神灵，君王带领人民信奉鬼神，重视鬼神而轻视礼法，注重刑罚而忽视赏赐，所以殷人的政令有尊严而不亲近。到了政教衰败的时候，人民就变得放荡而不守本分，只求得胜而不知羞耻。周人推崇礼法，爱好施与，敬奉鬼神而使它远离政教，通达人情，竭尽心意，奖赏处罚用爵位的高低作差等，所以周人的政令亲近而无尊严。到政教衰败时，人民就变得贪利取巧，文过饰非而不知羞愧，互相伤害，互相蒙骗。』

孔子说：『夏代的政教，政令之词不烦琐，对人民不要求齐备，赋税轻简，人民没有厌弃亲情。殷人礼法简约，却对人民要求齐备。周人强劝人民奉行政教，虽未烦渎鬼神，但赏赐爵位，刑罚穷极繁多。』

孔子说：『虞夏的政教单纯质朴，人民很少怨恨。殷周的政教华丽繁杂，衰败得无法收拾。』

孔子说：『虞夏的单纯质朴，殷周的华丽繁杂，都达到极点。虞夏的华丽繁杂不能胜过单纯质朴，殷周的单纯质朴无法胜过华丽繁杂。』

孔子说：『后代虽有兴盛之王，再也不可能赶上虞舜了。他治理天下，生前无私心，死后也不厚待他的儿子，对待人民如待父母，有夹杂忧愁痛苦的爱心，有实心利民而进行的教育，容易接近而又有尊严，身心安定而能够恭敬，既有威严又有仁爱，生活富足不失礼仪，施惠于人而无偏心。他的臣下尊行仁道，顾畏义理，以靡费为羞耻，对财货不计较，忠心耿耿而不犯上，尽君臣之义而顺从，文雅而稳重，既宽容又有分寸。《甫刑》说：「道德威严使人敬畏，道德的光明使人贤明。」不是虞舜怎么能做到这个地步？』

孔子说：『臣子服侍君主，自己先考虑好要说的话。拜受君命而献出自己的一切，以实现自己说过的话。因此君主可以责成臣下，臣下鞠躬尽瘁地实现自己的诺言。所以臣下接受俸禄，功禄相当。做的事与说过的话相符，过失也就很少。』

孔子说：『服侍君主，谋立大事，人们就希望有大的利益；谋立小事，人们就希望有小的利益。所以君子不因谋立小事成功而接受大的俸禄，也不因谋立大事成功而接受小的俸禄。《易经》说：「君主有大的积蓄，必然作为俸禄给予贤德之人。」』

孔子说：『服侍君主要正直，不要把自己的私事通报君主，不要说漂亮话。不是正直的人引荐，不从这里随便进身。

《小雅》说：「恭谨地从事你的职守，爱好的只是正直。神明听到这一切，会赐给你俸禄爵位的。」

孔子说：『服侍君主，与君主疏远的人越级谏争，就近于谄媚；在君主身边的人不谏争，就像祭祀的尸一样只受享祭而无所事事。』

孔子说：『侍御、仆从等近臣，要尽调和君主事情的责任；冢宰整饬治理百官；卿大夫等大臣要谋虑四方的事情。』

孔子说：『服侍君主，君主有过失应该劝谏而不应该宣扬。《诗经》说：「心里实在很爱护他，为什么不忠告他呢？劝谏藏放心里，什么时候都不应该忘掉啊！」』

孔子说：『服侍君主，难于晋升可是辞职很快，这样，官位就有秩序了；容易晋升却不愿辞职，这样就混乱了。因此君子做客，三次揖谢然后进门，告辞一次就要离去，这样就免于混乱。』

孔子说：『服侍君主，多次与君主意见不合还不肯离国而去，就是贪图利禄。即使有人说他没有企求，我也不相信。』

孔子说：『服侍君主，开始的时候要谨慎，并尽心尽意地做到底。』

孔子说：『服侍君主，君主可以使他尊贵或卑贱，可以使他富贵或贫穷，可以使他生存或死亡，但不可使他成为乱臣贼子，违背义理。』

孔子说：『服侍君主，战争时不逃避艰难的任务；平时在朝廷，不推辞卑贱的事情；处在那个位置而不从事那个事情，就混乱了。所以君主让臣下做他应做的事，就要慎重考虑再听从。不是臣下能做的事，就要深思熟虑后再听从。将事情做完而后告退，这是臣下的忠厚。《易经》说：「不是服侍王侯，而是尊崇事业。」』

孔子说：『只有天子是上天任命的，官吏是由天子任命的。所以君主的命令顺应人道，臣下就会顺从；君主的命令违反人道，臣下就不会听命。《诗经》说：「鹊鸟在上面姜姜争斗，鹑鸟在下面贲贲争斗，人间也是上下争斗，我们却让他做了君主。」』

孔子说：『君子不因一个人的辞令而决定他是否贤良。天下有道德规范时，人们做的比讲的多；天下失去道德规范时，人们说的就比做的多。所以君子跟那些有丧事的人站在一起，如果不能赠送钱帛，就不要问他花费多少；在有病的人旁边时，如果不能馈赠，就不要问他需要什么；有客人来，如果没有地方让他住，就不要问他住在什么馆舍。所以君子之间的交往淡薄如水，小人之间的交情浓厚如甜酒。君子交往淡薄，却能相辅相成；小人交情浓厚，但是会把事情搞坏。《小雅》说：「坏话特别甜蜜，却更增加混乱。」』

孔子说：『君子不用空话讨人好感，那人民就会兴起忠实的风气。君子问人是否寒冷，就送衣裳给他；问人是否饥饿，就送食物给他；问某人品德是否高尚，就准备任用他。《国风》说：「你这样使人忧虑，还是跟我回去休息吧。」』

孔子说：『许给人家好处而不兑现，一定会引起对许诺人的怨恨。因此君子与其对人负有承诺的责任，不如受人埋怨。《国风》说：「起初和颜悦色，说说笑笑，赌咒发誓表示真诚，不想想后果。后果如果相反，那就什么都完了！」』

孔子说：『君子不装模作样讨人喜欢，如果感情已疏远却外表很亲密，在小人方面不就是钻墙洞的小偷吗？』

孔子说：『情理确实，言辞要有技巧。』

孔子说：『以前夏商周三代圣明君王都侍奉天地等神明，一切都由占卜决定，不敢用自己的私意亵渎上天，所以不冲犯不吉的日子，不违背占卜的指示。卜、筮二者不能重复。郊、禘等祭祀有规定的日子占卜，小的祭祀没有固定时间，并且只有筮。祭祀天地神祇用刚日，宗庙之祭用柔日。不能违背龟筮的指示。』

孔子说：『没有杂色的祭牲，礼乐仪式以及黍稷等祭品，都是适合于鬼神的，同时又是百姓愿意的。』

孔子说：『后稷的祭祀很容易备办，因此他的言辞恭敬，欲望简单，他的福禄都施及子孙了。《诗经》说：「自从后稷开始祭祀，几乎没有什么缺憾，一直到今天还是这样。」』

孔子说：『居高位的人，所用的器具有威严并受到敬重。天子不用筮，诸侯有守国的筮。天子出行用筮，诸侯不在自己的国内不用筮。搬家或迁移寝处用卜。天子到诸侯国，一定住在太庙里，不用卜。』

孔子说：『君子尊敬别人就用祭祀的器具。因此，人民都按规定来卜筮进见长上的日子，不违背卜筮的指示，恭敬地对待君长。所以君长对人民有尊严，下属对上司也不敢怠慢。』

奔丧[1]

奔丧之礼：始闻亲丧，以哭答使者，尽哀；问故，又哭尽哀。遂行，日行百里，不以夜行；唯父母之丧见星而行，见星而舍[2]；若未得行，则成服而后行[3]。过国至竟，哭，尽哀而止。哭辟市朝，望其国竟哭。至于家，入门左，升自西阶，殡东，西面坐，哭尽哀。括发、袒，降，堂东即位，西向哭，成踊，袭绖于序东，绞带[4]，反位；拜宾，成踊，送宾，反位。有宾后至者，则拜之、成踊、送宾皆如初。众主人、兄弟皆出门，出门哭止，阖门，相者告就次[5]。于又哭[6]，括发、袒、成踊；于三哭[7]，犹括发、袒、成踊。三日成服[8]，拜宾送宾皆如初。奔丧者非主人，则主人为之拜宾送宾。

奔丧者自齐衰以下，入门左，中庭北面，哭尽哀，免、麻于序东，即位袒，与主人哭，成踊。于又哭、三哭，皆免、袒。有宾，则主人拜宾送宾。丈夫、妇人之待之也，皆如朝夕哭位，无变也。奔母之丧，西面哭尽哀，括发、袒，降，堂东即位，西向哭，成踊，袭、免、绖于序东，拜宾送宾，皆如奔父之礼。于又哭，不括发。

妇人奔丧，升自东阶，殡东，西面坐，哭尽哀。东髽⑨，即位，与主人拾踊⑩。

奔丧者不及殡，先之墓，北面坐，哭尽哀。主人之待之也⑪，即位于墓左，妇人墓右，成踊，尽哀，括发⑫，东即主人位，绖、绞带，哭，成踊。拜宾，反位，成踊，相者告事毕。遂冠归，入门左，北面，哭尽哀，括发、袒，成踊，东即位，拜宾，成踊。宾出，主人拜送，有宾后至者，则拜之、成踊、送宾如初。众主人、兄弟皆出门，出门哭止，相者告就次。于又哭，括发，成踊。于三哭，犹括发，成踊。三日成服，于五哭⑬，相者告事毕。为母所以异于父者，壹括发⑭，其余免以终事，他如奔父之礼。齐衰以下不及殡，先之墓，西面哭尽哀，免、麻于东方，即位，与主人哭，成踊，袭。有宾则主人拜宾送宾。宾有后至者，拜之如初。相者告事毕。遂冠归，入门左，北面哭尽哀，免，袒，成踊，东即位，拜宾，成踊。宾出，主人拜送。于又哭，免、袒，成踊。于三哭，犹免、袒，成踊。三日成服，于五哭，相者告事毕。

闻丧不得奔丧，哭尽哀；问故，又哭尽哀。乃为位⑮，括发、袒，成踊，袭、绖、绞带即位，拜宾，反位，成踊。宾出，主人拜送于门外，反位。若有宾后至者，拜之、成踊、送宾如初。于又哭，括发、袒，成踊。于三哭，犹括发、袒，成踊。三日成服，于五哭，拜宾送宾如初。若除丧而后归，则之墓，哭，成踊。东括发、袒、绖⑯，拜宾，成踊，送宾，反位，又哭尽哀，遂除。于家不哭，主人之待之也，无变于服，与之哭，不踊。自齐衰以下，所以异者，免、麻。

凡为位，非亲丧，齐衰以下皆即位，哭尽哀，而东免、绖，即位，袒，成踊，袭，拜宾，反位，哭，成踊，送宾，反位。相者告就次。三日五哭⑰，卒。主人出送宾，众主人、兄弟皆出门，哭止，相告者事毕。成服，拜宾。若所为位家远，则成服而往。

齐衰，望乡而哭；大功，望门而哭；小功，至门而哭；缌麻，即位而哭。

哭父之党于庙[18]；母、妻之党于寝；师于庙门外；朋友于寝门外；所识于野张帷。

凡为位不奠。

哭天子九，诸侯七，卿大夫五，士三。

大夫哭诸侯，不敢拜宾。诸臣在他国，为位而哭，不敢拜宾。与诸侯为兄弟，亦为位而哭。

凡为位者壹袒。

所识者吊，先哭于家而后之墓，皆为之成踊，从主人北面而踊。

凡丧，父在父为主；父没，兄弟同居，各主其丧[19]；亲同，长者主之；不同，亲者主之。

闻远兄弟之丧，既除丧而后闻丧，免、袒，成踊，拜宾则尚左手[20]。

无服而为位者[21]，唯嫂叔及妇人降而无服者麻[22]。

凡奔丧，有大夫至，袒，拜之，成踊，而后袭；于士，袭而后拜之。

【注释】

①郑玄说：名曰「奔丧」者，以其居他国闻丧奔归之礼。奔，著其急，即表现出急迫而尽快赶回去的样子。②此句与《曾子问》中「见星而行者，唯罪人与奔父母之丧者乎」相矛盾。王梦鸥据《书钞》引《祭统》篇说，在「见星而行」前脱漏「不避昼夜，齐衰之丧」八字。王说是。③成服：丧礼大殓后，死者亲属按同死者关系的亲疏，穿着应服的丧服。④绞带：绞合苴麻而成的腰带。⑤次：倚庐。⑥又哭：第二天哭灵。⑦三哭：第三天哭灵。⑧三日：

三哭的次日。⑨髽：妇人的丧髻，麻发合结。⑩拾：更替、轮流。⑪主人：在家主办丧事的儿子。⑫孙希旦说：括发不言袒，文略。⑬五哭：成服日之哭为四哭，次日再哭为五哭。⑭壹括发：指刚进家门哭时括发。⑮为位：叙列亲疏的位置。主人的位置在阼阶下西面。⑯东：郑玄说东即主人位。⑰五哭：始闻丧为位就次一哭，接连两天每天朝夕各一哭。卒：停止。⑱党：郑玄说是族类无服者。⑲各主其丧：各为自己的妻子做丧主。⑳尚左手：吉拜。㉑郑玄说：虽无服，犹吊服加麻，袒，免，为位哭。㉒妇人降而无服者：出嫁的族姑姊妹。

【译文】

奔丧的礼节：刚听到父母去世的噩耗，用哭声来回报使者，充分发泄心中的悲哀；然后问明父母去世的缘由，又尽情地哭泣。于是就动身，白天行程一百里，不在夜里赶路。只有奔父母的丧事不分昼夜，齐衰以下的丧事在早晨看得见星光时就上路，到傍晚又见到星光时才在馆舍过夜。如果不能立即动身，就在过三天成服以后再上路。穿过国境时，停下来痛哭，发泄了悲哀为止。哭时，要避开市场和官府厅堂。看到自己国家的国境要痛哭不绝。抵达家门，从门的左边进去，从西阶登堂，在灵柩东面坐，对着灵柩尽情痛哭。这时要去冠用帛束发，赤膊，下堂在东边就位，朝西痛哭，跺踊，然后在东面廊下加上麻绖，束的是绞合苴麻而成的腰带，再返回原来的位置，拜谢宾客，送宾客到门口，又回到位置上。这时，有迟到的宾客，就要向他们拜谢，跺踊，送宾客，就和刚才所做的一样。然后父亲的庶子和堂兄弟们都走出门外，出了门就停止哭泣，将殓宫的门关上，赞礼的相说该到倚庐去了。在第二天哭灵时，仍要用帛束发，赤膊、跺踊；第三天哭灵时，还要如此。三天以后成服，拜宾送宾都和原来一样。奔丧的人如果不是主人，那么主人仍要拜宾送宾。

奔丧的人如是服齐衰以下的亲属，从门的左边进去，在庭中朝北尽情痛哭，然后到廊下作『免』的装束，腰上束麻带，就位赤膊，跟随主人哭踊。在第二天、第三天哭灵时都要赤膊，有宾客到，就由主人拜宾送宾。主人、主妇等待奔丧的人，都要朝夕哭泣，位置不用改变。奔母亲的丧事，登堂向西对灵柩尽情痛哭，用帛束发、赤膊，下堂到东面就位，向西哭泣，跺踊，披麻戴孝都在东廊，拜宾送宾，都和奔父亲丧事一样，在第二天哭灵时不束发。

妇人奔丧，从东阶登堂，在灵柩东面朝西坐，尽情痛哭，在东廊下去缅，露出发髻，到东阶就位，和主人轮流跺踊。

奔父丧的人没有赶上停殡，就先到墓地，朝北坐，尽情痛哭。代主丧事的人，在墓左就位，妇人在墓右，跺踊，尽情痛哭，用帛束发，在东面就主人位，戴上麻绖束好麻带，痛哭、跺踊，拜谢宾客，回到原位，跺踊。赞礼的相说墓地的事已经完毕，于是戴上帽子回家，从门的左边进去，朝北尽情痛哭，去冠束发、赤膊，跺踊，就东阶下的主位，拜谢宾客，跺踊。宾客出门，主人拜送。有迟到的宾客，主人就向他们拜谢，跺踊，和原先一样拜送宾客。庶子和堂兄弟们都走出门去，出门就停止哭泣，赞礼的相说该到倚庐去了。在第二天哭灵的时候，仍旧束发、跺踊。在第三天哭灵时，还是如此。三天以后成服，在第五次哭泣时，赞礼的相说殓宫的事已完毕。为母奔丧与为父奔丧不同的是，只在刚进家门时用帛束发，其他时间作『免』的装束，一直到事情完毕，其他和奔父丧的礼节相同。奔齐衰以下丧事的人没赶上停殡，先到墓地，朝西尽情痛哭，在墓东作『免』的装束，束麻带，就位，和主人一道哭泣，跺踊，穿上衣服。有宾客来，主人就拜宾送宾。如有迟到宾客，拜宾送宾和原先一样。赞礼的相说墓地的事情完毕，于是戴上帽子回家，从门的左边进去，朝北尽情痛哭，作免的装束，赤膊，跺踊，东阶下就位，拜谢宾客，跺踊。宾客出去，主人拜送。在第二天哭灵时，作免，赤膊，跺踊。在第三天哭灵时还是如此。三天以后成服，在第五次哭泣时，赞礼的相就说殡宫的事已经完毕。

听到父母去世的噩耗而不能奔丧，尽情痛哭。然后问明去世的缘故，又是尽情痛哭。于是排列哭踊的位置。主人去冠、束发、赤膊，跺踊，穿衣，戴麻绖，束麻带，就位，拜宾，返回原位，跺踊。宾客出门，主人拜送到门外，再返回原位。如果有迟到的宾客，拜谢，跺踊，送宾和原先一样。第二天哭灵时，束发，赤膊，跺踊。第三天哭灵仍旧如此。三天以后成服，在第五次哭泣时，要像原来一样拜宾送宾。如果除丧以后才回来，就到墓地去，痛哭，跺踊，在墓东束发，赤膊，戴麻绖，拜宾，跺踊，拜送宾客，返回原位，又尽情痛哭，然后除服，在家就不再哭了。代主丧事的人等待奔丧的主人，仍穿除丧以后的衣裳，不改变服装，与他一起哭，但不跺踊。齐衰以下的亲属这种情况，不同的是只用『免』的装束，在衣裳之外束上麻带。

凡是就列亲疏位置的，只要不是父母的丧事，而是齐衰以下的，都是就位尽情痛哭，在东廊下作『免』的装束，束上麻带，就位，赤膊，跺踊，穿上衣裳，拜谢宾客，返回原位，痛哭、跺踊，然后拜送宾客，再回原位。赞礼的相说该到倚庐去了。三天五哭停止后主人出门送宾客，庶子和堂兄弟们也都出门，停止哭泣。赞礼的相说哭灵的事已经完毕。成服以后，主人照样拜送宾客。如果不是主人，就位人的家又离得远，就可成服以后再去。

奔丧时，服齐衰的人，在看到家乡时开始哭不绝声；服大功的人，在看到家门时开始哭不绝声；服小功的人，到了门口开始哭不绝声；服缌麻的人就位才哭。

同族而无服的人死了，到祖庙哭他；母亲妻子的族人死了，在寝处哭他；哭老师在庙门外面；哭朋友在寝处门外；泛泛之交就在野外搭帷幕哭他。

凡是就列亲疏的位置为亲人去世而痛哭，不致奠。

为天子哭九次，诸侯七次，卿大夫五次，士三次。

大夫在他国就位哭以前的国君，不敢以主人自居，所以不拜送宾客。出使他国的臣下，就位哭自己的国君，也不敢以主人自居而拜送宾客。诸侯在他国的兄弟就位而哭，也是如此。

凡在他国就位哭泣，只在听到噩耗当天赤膊。

相识的人来不及在停殓时赶到，先到丧家去哭，然后到墓地，都要为他踩踊，是跟随主人朝北而踩。

凡是办丧事，父亲健在的，由父亲做主；父亲去世的，兄弟们住在一起，就是各自主持自己的妻子儿女的丧事；和死者亲疏关系相同，由年长的主持；亲疏关系不同的，由关系最亲近的人主持。

听到远房兄弟去世，是已经除丧以后才听到的，作『免』的装束，赤膊、踩踊。但拜宾时是用吉拜的方式，左手在右手外面。

没有丧服关系而就列亲疏位置来哭的，只有叔嫂之间、族姑姊妹之间，将吊服的葛绖改为麻绖。

凡是奔丧，有大夫来吊问，主人要赤膊，然后拜宾，踩踊之后再穿上衣服；士来吊问，穿上衣服之后再拜宾。

丧服四制①

凡礼之大体②，体天地，法四时，则阴阳③，顺人情，故谓之礼。訾之者④，是不知礼之所由生也。夫礼吉凶异道，不得相干，取之阴阳也。丧有四制⑤，变而从宜，取之四时也。有恩有理，有节有权，取之人情也。恩者仁也，理者义也，节者礼也，权者知也。仁、义、礼、知，人道具矣。其恩厚者其服重，故为父斩衰三年，以恩制者也。

门内之治恩掩义[6]，门外之治义断恩[7]。资于事父以事君而敬同[8]，贵贵尊尊[9]，义之大者也。故为君亦斩衰三年，以义制者也。

三日而食，三月而沐，期而练，毁不灭性[10]，不以死伤生也。丧不过三年，苴衰不补[11]，坟墓不培[12]。祥之日鼓素琴[13]，告民有终也[14]，以节制者也。资于事父以事母而爱同，天无二日，土无二王，国无二君，家无二尊[15]，以一治之也。故父在为母齐衰期者，见无二尊也。

杖者何也？爵也。三日授子杖，五日授大夫杖，七日授士杖。或曰『担主[16]』，或曰『辅病[17]』。妇人童子不杖，不能病也。百官备，百物具，不言而事行者[18]，扶而起。言而后事行者[19]，杖而起。身自执事而后行者[20]，面垢而已[21]。秃者不髽，伛者不袒，跛者不踊，老病不止酒肉。凡此八者，以权制者也。

始死，三日不怠[22]，三月不解[23]，期悲哀，三年忧，恩之杀也。圣人因杀以制节，此丧之所以三年，贤者不得过，不肖者不得不及。此丧之中庸也，王者之所常行也。

《书》曰『高宗谅暗[24]，三年不言』，善之也[25]。王者莫不行此礼，何以独善之也？曰：高宗者，武丁。武丁者，殷之贤王也。继世即位，而慈良于丧[26]。当此之时，殷衰而复兴，礼废而复起，故善之。善之，故载之《书》中；而高之，故谓之高宗。三年之丧，君不言。《书》云：『高宗谅暗，三年不言。』此之谓也。然而曰『言不文』者[27]，谓臣下也。

礼：斩衰之丧，唯而不对；齐衰之丧，对而不言；大功之丧，言而不议；缌、小功之丧，议而不及乐。

父母之丧，衰冠、绳缨、营屦[28]，三日而食粥，三月而沐，期十三月而练冠，三年而祥。比终兹三节者[29]，仁者可以观其爱焉，知者可以观其理焉，强者可以观其志焉。礼以治之，义以正之，孝子、弟弟、贞妇皆可得而察焉[30]。

【注释】

①郑玄说：名曰『丧服四制』者，以其记丧服之制取于仁义礼知也。②大体：本质、要点。③则：依照、效法。④訾：诋毁。⑤制：法度、制度。⑥门内：指血缘亲属关系。恩掩义：恩重而义轻。⑦门外：指社会关系，包括政治关系。义断恩：义重而恩轻。⑧资：借、用。⑨贵贵尊尊：尊贵那些尊贵之人。⑩性：身体。⑪补：缝补。⑫培：添土。⑬素琴：没有装饰的琴。⑭终：尽。⑮尊：尊奉。指一家之中不能两人做主。⑯担：承受。⑰辅：帮助。⑱指天子诸侯。⑲指大夫士。⑳指庶人，一般人。㉑面垢：面有尘垢之容。㉒不怠：始死哭泣不止，水浆不入口。㉓不解：不懈、不倦。㉔谅暗：一说为天子诸侯居丧之称；一说为居丧之所。㉕善：称赞。㉖慈良：孝顺善良。㉗文：文饰。㉘绳缨：斩衰冠的缨。营屦：斩衰之草鞋。㉙比：及、到。三节：始死至三个月而沐为一节；期年为一节；三年除丧为一节。㉚第一个『弟』字意为『悌』。

【译文】

概括礼的本质，就是效法天地自然，取法四季变化，仿效阴阳之分，顺应人类感情，所以称它为『礼』。有人诋毁礼，这是不了解礼的产生由来。礼分吉凶，并且原则不同，二者不相干涉，这是取之于阴阳的义理。丧服有四种法度，不断变化并趋从适宜，这是取之于四季的更替。有恩情有理性，有节限有权变，这是取之于人情。恩情出于仁，理性出于义，节限出于礼，权变出于智。有了仁义礼智，人类的道德规范就完备了。

对恩情厚重的人，为他服重丧，所以为父亲去世要服斩衰丧服三年。这是以恩情为法度。亲属的丧事料理，恩重而义轻。除血缘之外的社会关系，其丧事料理义重而恩轻。用服侍父亲的态度来服侍国君，敬爱之情相同，尊贵那些尊贵之人是义中最重的，所以为国君也服斩衰丧服三年。这是以义理为法度。

亲丧三天才可以吃粥，三个月才能洗头，周年练祭时改换丧服，极为哀痛但不能损害身体，也不能因亲人故去而伤害生者。丧期不超过三年，苴麻的斩衰丧服破了不再缝补，坟墓也不添土。到大祥之日，可以弹奏素琴，告诉人们哀痛有了尽头。这是以节限为法度。用服侍父亲的态度来服侍母亲，仁爱之情是相同的。但天无二日，地无二王，一国没有两个国君，一家不能两人做主，以尊贵归于一而加以统治。所以父亲在世，为母亲服齐衰丧服一年，正表现出家无二尊。

哀杖是什么呢？哀杖是哀主的爵位。天子诸侯三日授杖，大夫五日授杖，士七日授杖。有人说杖是『担主』，意为承受主的病体。有人说哀杖是『辅病』，意思是帮助丧主病体站立。妇人儿童不会哀痛而病，所以不用哀杖。各执事人等和物品都已齐备。不用发话就有人办事的天子诸侯等人，必须有人扶持而站起；发话之后才有人办事的大夫士等人，拄着哀杖站起。自己亲自掌管并做事的庶人等，不用哀杖，只是面容有尘垢表示哀伤罢了。另外秃头的人不髽，驼背的人不袒，瘸腿的人不踊，老人、病人不需停用酒肉等食物。这八种情况都是以权变为法度。

亲人刚死，三天哭泣不止，水浆不入；三个月内哀哭不停；周年以后祭奠时表达哀痛；到了三年除服时只是忧伤在心。这是恩情随时间渐久而逐渐减弱。圣人据此判定丧礼的节限，这就是为父守丧三年的由来。贤德之人不能超过，不肖之人也不可以不达到，这是丧礼的不偏不倚。王者经常这样做。《尚书》说『高宗守丧，三年不言』，这是称赞他，王者没有不实行这种礼的。那么，为什么单单称赞他呢？可以回答说：高宗就是武丁，武丁是殷贤王。他继承王位即位时，孝顺而善良地守丧。在这个时候，殷朝衰微，因他而再次兴盛；礼教废弛，因他而再次兴起，因而称赞他。

称赞他，所以写入《尚书》中，并加以推崇，称他为高宗。三年守丧，君王不言，《尚书》说『高宗谅暗，三年不言』，说的就是这件事。然而说『言不文』的，指的是臣下。

依礼：服斩衰丧服的人，只发出『唯唯』的声音而不答话；服齐衰丧服的人，虽可答应别人，但不主动说话；服大功丧服的人，可以说话，但不和别人谈论；服缌麻、小功丧服的人，可以谈论，但不谈论享乐之事。

父母的丧事要披麻戴孝，三天后才吃粥，三个月后才洗头，十三个月周年时换练冠。满了二年不到三年时举行大祥之祭。到过完这三个阶段时，可以看见仁者的仁爱、智者的理智、强者的意志。用礼来约束，用义来匡正，是否孝顺之子、孝悌之弟、贞节之妇，都可以由此而察看出来。

春秋左传

隐公

传　惠公元妃孟子①。孟子卒②，继室以声子③，生隐公。宋武公生仲子④，仲子生而有文在其手⑤，曰『为鲁夫人』，故仲子归于我⑥。生桓公而惠公薨⑦，是以隐公立而奉之⑧。

【注释】

①惠公：鲁国国君，名弗湟，隐公、桓公之父，在位四十六年而卒。元妃：国君第一次所娶的正夫人，即元配。孟子：孟为排行，即老大。古时以『孟、仲、叔、季』排行，或作『伯、仲、叔、季』。子，宋国姓。孟子为宋国女子，是当时出嫁后的名字，常以排行冠于姓氏之上。下文中的『仲子』亦同此。②卒：去世。据《礼记·曲礼下》所载：『天子死曰崩，诸侯曰薨，大夫曰卒，士曰不禄，庶人曰死。』③继室：续娶。此处用作动词。声子：宋国女，孟子的侄女。春秋时婚俗，诸侯娶妻，女方常以其妹妹或侄女陪嫁，称为媵。元妃死，则以媵为继室，但尚不能视为正室夫人。声，谥号。④宋武公：宋国国君，名司空。宋，子姓，都城在今河南省商丘市，为殷商后裔。仲子：宋武公之女，鲁惠公继配夫人，鲁桓公之母。⑤文：文字，或解为花纹、图形。⑥归：出嫁。我：鲁国，即鲁惠公。⑦薨：去世。见前注。⑧隐公：鲁惠公继室声子所生，名息姑。立：此指隐公行国君之政，即摄政。奉之：奉戴桓公。时桓公为太子，年尚幼，隐公遵照其父遗嘱，率国人奉戴桓公为君。

【译文】

鲁惠公的第一个妻子是孟子。孟子去世后，惠公又娶了声子为继室，生了隐公。宋武公生了仲子。仲子生下时手掌上有一花纹，形似『鲁』字。宋武公说：『这孩子将来会成为鲁国的夫人。』因此仲子后来嫁给了鲁惠公，后来生了桓公。惠公去世后，暂由隐公摄政，以奉戴桓公。

隐公元年

传　元年春，王周正月①，不书即位，摄也②。

三月，公及邾仪父盟于蔑③，邾子克也④。未王命，故不书爵⑤。曰『仪父』，贵之也。公摄位而欲求好于邾，故为蔑之盟。

夏四月，费伯帅师城郎⑥。不书，非公命也。

初，郑武公娶于申⑦，曰武姜⑧。生庄公及共叔段⑨。庄公寤生⑩，惊姜氏，故名曰寤生，遂恶之。爱共叔段，欲立之。亟请于武公⑪，公弗许。及庄公即位，为之请制⑫。公曰：『制，岩邑也⑬，虢叔死焉⑭，佗邑唯命⑮。』请京⑯，使居之，谓之京城大叔⑰。祭仲曰⑱：『都城过百雉⑲，国之害也。先王之制⑳：大都不过参国之一㉑，中五之一，小九之一。今京不度㉒，非制也，君将不堪。』公曰：『姜氏欲之，焉辟害㉓？』曰：『姜氏何厌之有㉔？不如早为之所㉕，无使滋蔓，蔓难图也。蔓草犹不可除，况君之宠弟乎？』公曰：『多行不义必自毙㉖，子姑待之。』

既而大叔命西鄙、北鄙贰于己㉗。公子吕曰㉘：『国不堪贰㉙，君将若之何？欲与大叔，臣请事之；若弗与，则请除之。无生民心。』公曰：『无庸㉚，将自及。』大叔又收贰以为己邑，至于廪延㉛。子封曰：『可矣，厚将得众㉜。』公曰：

『不义不昵[33]，厚将崩。』

大叔完聚[34]，缮甲兵[35]，具卒乘[36]，将袭郑。夫人将启之[37]。公闻其期，曰：『可矣！』命子封帅车二百乘以伐京[38]。

京叛大叔段，段入于鄢[39]，公伐诸鄢。五月辛丑[40]，大叔出奔共[41]。

书曰：『郑伯克段于鄢。』段不弟[42]，故不言弟；如二君，故曰克；称郑伯，讥失教也；谓之郑志[43]。不言出奔，难之也。

遂置姜氏于城颍[44]，而誓之曰：『不及黄泉，无相见也。』既而悔之。

颍考叔为颍谷封人[45]，闻之，有献于公[46]，公赐之食，食舍肉[47]。公问之，对曰：『小人有母，皆尝小人之食矣，未尝君之羹，请以遗之[48]。』公曰：『尔有母遗，繄我独无[49]！』颍考叔曰：『敢问何谓也[50]？』公语之故，且告之悔。对曰：『君何患焉？若阙地及泉[51]，遂而相见[52]，其谁曰不然[53]？』公从之。公入而赋[54]：『大隧之中，其乐也融融[55]！』姜出而赋：『大隧之外，其乐也泄泄[56]！』遂为母子如初。

君子曰：『颍考叔，纯孝也，爱其母，施及庄公[57]。《诗》曰[58]：「孝子不匮[59]，永锡尔类[60]。」其是之谓乎。』

秋七月，天王使宰咺来归惠公、仲子之赗[61]。缓，且子氏未薨[62]，故名。

天子七月而葬，同轨毕至[63]。诸侯五月，同盟至[64]。大夫三月，同位至[65]。士逾月，外姻至[66]。赠死不及尸[67]，吊生不及哀[68]，豫凶事[69]，非礼也。

八月，纪人伐夷[70]。夷不告，故不书。

有蜚[71]。不为灾，亦不书。

惠公之季年[72]，败宋师于黄[73]。公立，而求成焉[74]。九月，及宋人盟于宿[75]，始通也[76]。

冬十月庚申[77]，改葬惠公。公弗临[78]，故不书。

惠公之薨也，有宋师，太子少，葬故有阙[79]，是以改葬。

卫侯来会葬[80]，不见公，亦不书。

郑共叔之乱，公孙滑出奔卫[81]。卫人为之伐郑，取廪延。郑人以王师、虢师伐卫南鄙[82]。请师于邾。邾子使私于公子豫[83]，豫请往，公弗许，遂行。及邾人、郑人盟于翼[84]。不书，非公命也。

新作南门。不书，亦非公命也。

十二月，祭伯来[85]，非王命也。

众父卒[86]。公不与小敛[87]，故不书日。

【注释】

①王周正月：春秋时代各国所用历法不一，有夏历、殷历、周历。三历岁首月建不同，夏历正月建寅，殷历正月建丑，周历正月建子。此周正月即今夏历十一月。王，周天子。周，周历。②摄：摄政。③邾仪父：邾国国君。盟：会盟，订约。此处用作动词。蔑：鲁国地名，即姑蔑，在今山东省泗水县东部。④邾子克：即仪父。⑤爵：爵位。君主国家所封的等级，古有公、侯、伯、子、男五等之说。⑥费伯：鲁国大夫。郎：地名，在今山东鱼台县东北。⑦郑武公：郑国国君，名掘突，武公是死后的谥号。郑，国名，在今河南新郑市一带，姬姓。申：国名，姜姓，在今河南省南阳市。⑧武姜：即武公之妻姜氏，庄公、共叔段之母。武，表明其夫为武公；姜，表明其母家姓姜。⑨庄公：即郑伯，

武公长子。共叔段：即太叔段，武公次子，名段。共，国名，在今河南省辉县市。⑩寤生：逆生，即难产。寤，通『牾』。⑪亟：屡次。⑫制：地名，又名虎牢，在今河南省荥阳市西。⑬岩邑：险邑。邑，城邑。⑭虢叔：东虢国君，为郑所灭。虢，国名，在今河南省荥阳市。⑮佗：同『他』。⑯京：地名，郑国城邑，在今河南省荥阳市东南。⑰大叔：即太叔，叔段的尊称。大，同『太』。叔段被称为太叔，是因为他是郑庄公的第一个弟弟。⑱祭仲：即祭足，郑国大夫。祭，地名，祭仲的食邑，在今河南省中牟县境内。⑲都：都邑。城：城墙。雉：古时度量名称，长三丈，高一丈。⑳制：制度，规度。㉑参国之一：即国都的三分之一。参，同『叁』。㉒不度：不合法度。㉓辟：同『避』，逃避。㉔何厌之有：即『有何厌』的倒装。厌，满足。㉕所：处所。㉖毙：跌跤。㉗既而：不久。西鄙、北鄙：边境二邑。鄙，边境的城邑。贰：两属，即从属二主。㉘公子吕：人名，郑国大夫，字子封。㉙堪：忍受，容忍。㉚无庸：不用。庸，通『用』。㉛廪延：郑国邑名，在今河南省延津县北。㉜厚：指势力雄厚。㉝昵：亲近，团结。㉞完：坚固城郭。聚：聚集粮草。㉟缮：修整。㊱具：准备。㊲启：开启，即开城门。㊳乘：车一辆称为一乘。㊴鄢：地名，在今河南省鄢陵县。㊵五月辛丑：即五月二十三日。㊶共：原诸侯国名，后为卫国别邑，在今河南辉县市。㊷不弟：即不像兄弟。弟，通『悌』。㊸郑志：即郑庄公的意志。㊹城颍：郑国地名，在今河南省临颍县西北。㊺封人：镇守边疆的地方官。封，疆界。㊻献：送物于人。㊼舍：放置。舍肉，即将肉放置一边。㊽遗：馈，给予。㊾繄：语气助词。㊿敢：谦辞，有冒昧的意思。(51)阙：同『掘』，挖。(52)遂：用作动词，即掘作隧道。(53)其：语气副词，此处表示疑问语气。(54)赋：赋诗。(55)融融：和乐的样子。(56)洩洩：舒畅的样子。(57)施：延及。(58)《诗》：指《诗经》。下面两句引自《诗经·大雅·既醉》。(59)匮：缺乏，尽。(60)锡：通『赐』。(61)天王：即周平王姬宜臼。宰咺：人名，周王室臣子。归：通『馈』。

赗：送财物给人办丧事。㉖子氏：即仲子。㉗同轨：车轨辙迹相同者，此指诸侯。㉘同盟：订立盟约的诸侯。㉙同位：爵位相同者。㉚外姻：有婚姻关系的亲戚。㉛尸：停柩待葬之时通称为『尸』。㉜哀：自始死至返哭（古礼，葬后返庙而哭），其间主人最为悲哀。㉝豫：通『预』。㉞纪：国名，姜姓。故城在今山东省寿光市南。夷：国名，妘姓。故城在今山东省即墨县西。㉟蜚：一种有害的飞虫。㊱季：末。㊲黄：宋国的城邑，故城在今河南省民权县东。㊳成：媾和。㊴宿：国名，风姓，故城在今山东省东平县东南。㊵通：通好。㊶庚申：十四日。㊷临：临丧哭泣。㊸阙：缺失，不完备。㊹卫侯：卫国国君，姬姓。㊺公孙滑：人名，共叔段之子。㊻虢：西虢国，故城在今河南省陕县境内。此时东虢已灭。㊼邾子：即邾子克。公子豫：鲁国大夫。㊽翼：地名，属邾国。㊾祭伯：人名，周王朝卿士。祭为其食邑，在今河南省郑州市东北，与前祭仲之食邑为两地。㊿众父：即公子益师，字众父，鲁孝公之子。⑧⑦小敛：给死者穿衣称为小殓，入棺为大殓。

【译文】

元年春季，周历正月。《春秋》没有记载隐公即位一事，因为他只是摄政。

三月，隐公与邾仪父在蔑地结盟。邾仪父就是邾子克。因为邾子尚未正式受周王室册封，所以《春秋》未记载他的爵位。称其为『仪父』，是表示尊重他。隐公因为摄政而想和邾国结好，因此两国在蔑地举行了盟会。

夏季四月，鲁大夫费伯率领军队在郎地筑城。《春秋》没有记载此事，是因为费伯筑城并不是奉隐公之命。

当初，郑武公从申国娶一妻子，名叫武姜。武姜生了庄公和共叔段。生庄公时出现了难产，姜氏受到惊吓，就给庄公取名叫『寤生』，并因此而讨厌他。姜氏宠爱共叔段，想立他为太子，多次请求武公，武公没答应。等到庄公即位，姜氏请求把制这个地方封给共叔段。庄公说：『制，是一个险要的城邑。虢叔曾经死在那里。如果要求其他地方，随您挑选。』姜氏又请求京城，庄公同意了，就让共叔段住在那里，称之为京城太叔。郑国大夫祭仲说：『都邑的城墙超过了百丈，就会成为国家的祸害。先王规定的制度是，大的都邑不超过国都的三分之一，中等的不超过五分之一，小邑不超过九分之一。现在，京城已经超过规定，不合制度，国君将难以承受。』庄公说：『姜氏要这样做，我哪里能够避免这场祸害呢？』祭仲说：『姜氏哪里会满足？不如对共叔段早做处理，以免他像野草一样滋生蔓延，一旦蔓延开来就难以对付了。蔓延的野草尚且难以铲除，更何况是国君受宠的弟弟呢？』庄公说：『不义之事做多了，必然自己栽跟头。您就等着瞧吧！』

不久，太叔命令西部和北部边境二邑同时也听命于自己。公子吕说：『一国不能容有二君，国君打算怎么办？如果想把君位让给太叔，就请允许我前去侍奉他；如果不想给他，就请您把他除掉，以免让百姓生有二心。』庄公说：『不必如此，他将咎由自取。』太叔进而把二邑收归自己所有，并逐步扩展到廪延一带。公子吕说：『可以动手了。土地扩大了，就会得到更多的民心。』庄公说：『对国君不义，对兄长不敬，土地越多，崩溃就越快。』

太叔修治城郭，积聚粮草，整治装备武器，充实士卒战车，准备偷袭郑都；姜氏则作为内应帮助打开城门。庄公听说太叔起兵的日期后说：『可以动手了。』于是命令公子吕率领二百辆战车攻打京城。京城的人都背叛了太叔。太叔只好逃到鄢地，庄公又领兵攻打鄢地。五月二十三日，太叔又逃到共国。

《春秋》中对此事记载为：『郑伯克段于鄢。』太叔不讲孝悌，所以不称他为庄公之弟；兄弟相争，如同两国国君交战一样势不两立，所以称为『克』；称庄公为『郑伯』，是讥讽他对弟弟有失教诲，这也表明庄公早就有了杀弟之心。所以不写太叔『出奔』，是表示责难庄公。

事后庄公把姜氏安置到城颍居住，并发誓说：『不到黄泉，决不再见。』但不久就后悔了。

当时，颍考叔正镇守颍谷，听说此事后，借献礼之机求见庄公。庄公赐给他食物吃。吃饭时，颍考叔把肉挑出来放在一边。庄公问是什么意思，他回答说：『小人家有老母，一向都是吃小人供奉的食物，还从未尝过国君的东西。请允许我把这些肉带回去给她品尝。』庄公说：『你有母亲可孝敬，我偏偏没有！』颍考叔问：『请问这是什么意思？』庄公说明了原因，表示已经感到后悔。颍考叔回答说：『国君何必对此忧虑？如果掘地见到泉水，你们在隧道中相见，又有谁说这不是黄泉相见呢？』庄公听从了颍考叔的建议。他进入隧道，吟诗道：『来到隧道中，心中好欢畅。』姜氏走出隧道，也吟道：『走出隧道外，心情真愉快。』从此母子和好如初。

君子对此评论说：『颍考叔是一个至纯的孝子，孝敬自己的母亲，并且还影响到庄公。《诗经》说：「孝子之孝无穷尽，永远赐予你同类。」说的就是这种情况吧！』

秋季七月，周天子派宰咺来馈赠惠公和仲子的丧葬礼品。惠公去世已一年有余，太晚了；仲子还没有死，又为时过早，都不合适，因此《春秋》直书宰咺的名字。

天子去世七个月安葬，诸侯都要参加葬礼。诸侯去世五个月安葬，同盟的诸侯都要参加葬礼。大夫去世三个月安葬，爵位相同的人都要参加葬礼。士去世一个月安葬，姻亲都要参加葬礼。葬礼之后，再向死者赠送礼品，向生者表示哀悼，以及在人尚未去世就预先赠送丧葬礼品的，都不合乎礼。

八月，纪国人讨伐夷国。夷国没有前来报告，因此《春秋》没有记载此事。

鲁国发现了蜚盘虫，但没有造成灾害，因此《春秋》也不记载。

惠公晚年，曾在黄地打败了宋国。隐公即位后要求和宋人讲和。九月，在宿地和宋人结盟，两国开始通好。

冬季十月十四日，改葬了惠公。隐公只是摄政，所以没有以丧主的身份临丧哭泣。因此，《春秋》也就没有记载。

惠公去世时，正遇鲁国和宋国交战，太子桓公又年幼，葬礼不够完备，所以现在才改葬。

卫桓公前来参加葬礼，没有见到隐公，因此《春秋》也就不予记载。

郑国的共叔段叛乱后，他的儿子公孙滑逃到卫国。卫国人帮助他攻打郑国，夺取了廪延。郑国人率领周天子和虢国的军队攻打卫国的南部边境，又请求邾国出兵。邾子派人私下和鲁国大夫公子豫商量，公子豫请求出兵救援，隐公不同意，公子豫便自己去了，和邾国、郑国在翼地结了盟。《春秋》没有记载此事，就是因为这不是出于隐公的命令。

鲁国重新建造了国都的南门。《春秋》对此没有记载，也是因为不是出于隐公的命令。

十二月，祭伯来到鲁国，他此行不是奉周天子的命令。

众父去世，隐公没有前去参加小敛，因此《春秋》没有记载众父的去世日期。

隐公二年

传 二年春，公会戎于潜①，修惠公之好也。戎请盟，公辞②。

莒子娶于向[3]，向姜不安莒而归[4]。夏，莒人入向，以姜氏还。

司空无骇入极[5]，费庈父胜之[6]。

戎请盟。秋，盟于唐[7]，复修戎好也。

九月，纪裂繻来逆女[8]，卿为君逆也。

冬，纪子帛、莒子盟于密[9]，鲁故也。

郑人伐卫，讨公孙滑之乱也[10]。

【注释】

①戎：华戎，原为西方少数民族，春秋时，一部分进入中原，与华夏族杂处。潜：鲁国地名，在今山东省济宁市西南。②辞：谢绝。③莒：国名，己姓，都城在今山东省莒县。向：国名，姜姓，在今山东省莒县南。④向姜：向国女。⑤司空无骇：鲁国卿士。司空，官名。鲁有司空、司马、司徒三卿。无骇，公子展之孙，展禽（柳下惠）之父。极：鲁附庸国。⑥费庈父：即费伯，鲁国大夫。⑦唐：鲁国地名。⑧纪裂繻：纪国卿士。逆：迎娶。⑨纪子帛：即纪裂繻，字子帛。密：莒国地名，在今山东省昌邑县东南。⑩公孙滑之乱：公孙滑为太叔段之子，叔段失败，滑奔卫，卫人为之伐郑，取廪延。见隐公元年传。

【译文】

二年春季，隐公在潜地会见戎人，这是为了重修惠公时期的友好关系。戎人请求结盟，被隐公谢绝了。

莒子从向国娶了向姜为妻。向姜不安心在莒国居住，又回到了向国。夏季，莒国人进入向国，又把向姜带了回来。

鲁国的司空无骇攻入极国，费庈父灭了极国。

戎人请求结盟。秋季，在唐地结盟，这是鲁国为了和戎人重修旧好。

九月，纪国的裂繻前来迎娶隐公的女儿，这是卿为国君迎亲。

冬季，纪子帛、莒子在密地结盟，这是为了缓和鲁国和莒国的关系。

郑国人攻打卫国，以讨伐公孙滑的叛乱。

隐公三年

传 三年春，王三月壬戌[1]，平王崩[2]。赴以庚戌[3]，故书之。

夏，君氏卒。声子也。不赴于诸侯，不反哭于寝[4]，不祔于姑[5]，故不曰薨。不称夫人，故不言葬，不书姓。为公故，曰君氏。

郑武公、庄公为平王卿士。王贰于虢[6]，郑伯怨王，王曰：『无之』。故周、郑交质[7]，王子狐为质于郑[8]，郑公子忽为质于周[9]。王崩，周人将畀虢公政[10]。四月，郑祭足帅师取温之麦[11]。秋，又取成周之禾[12]。周、郑交恶。

君子曰：『言不由衷[13]，质无益也。明恕而行[14]，要之以礼[15]，虽无有质，谁能间之[16]？苟有明信，涧溪沼沚之毛[17]，蘋蘩薀藻之菜，筐筥锜釜之器[18]，潢汙行潦之水[19]，可荐于鬼神[20]，可羞于王公，而况君子结二国之信，行之以礼，又焉用质？《风》有《采蘩》《采蘋》㉑，《雅》有《行苇》《泂酌》㉒，昭忠信也㉓。』

武氏子来求赙㉔，王未葬也。

宋穆公疾㉕，召大司马孔父而属殇公焉㉖，曰：『先君舍与夷而立寡人㉗，寡人弗敢忘。若以大夫之灵㉘，得保首领以没㉙，先君若问与夷，其将何辞以对？请子奉之，以主社稷㉚，寡人虽死，亦无悔焉。』对曰：『群臣愿奉冯也㉛。』公曰：『不可。先君以寡人为贤，使主社稷，若弃德不让，是废先君之举也㉜，岂曰能贤？光昭先君之令德㉝可不务乎㉞？吾子其无废先君之功㉟。』使公子冯出居于郑㊱。八月庚辰㊲，宋穆公卒。殇公即位。

君子曰：『宋宣公可谓知人矣。立穆公，其子飨之㊳，命以义夫㊴。《商颂》曰㊵：「殷受命咸宜㊶，百禄是荷㊷。」其是之谓乎！』

冬，齐、郑盟于石门㊸，寻卢之盟也。庚戌㊹，郑伯之车偾于济㊺。

卫庄公娶于齐东宫得臣之妹㊻，曰庄姜，美而无子，卫人所为赋《硕人》也㊼。又娶于陈㊽，曰厉妫，生孝伯，早死。其娣戴妫生桓公㊾，庄姜以为己子。

公子州吁㊿，嬖人之子也[51]，有宠而好兵。公弗禁，庄姜恶之。石碏谏曰[52]：『臣闻爱子，教之以义方[53]，弗纳于邪。骄、奢、淫、泆[54]，所自邪也。四者之来，宠禄过也[55]。将立州吁，乃定之矣，若犹未也，阶之为祸[56]。夫宠而不骄，骄而能降，降而不憾[57]，憾而能眕者，鲜矣[58]。且夫贱妨贵[59]，少陵长[60]，远间亲[61]，新间旧，小加大[62]，淫破义，所谓六逆也[63]。君义，臣行，父慈，子孝，兄爱，弟敬，所谓六顺也[64]。去顺效逆，所以速祸也[65]。君人者将祸是务去[66]，而速之，无乃不可乎？』弗听。其子厚与州吁游[67]，禁之，不可。桓公立，乃老[68]。

【注释】

①王三月：即周历三月。壬戌：二十四日。②崩：天子死为崩（详见前注）。③赴：讣告。庚戌：十二日。④反哭：古礼，葬后返回宗庙而哭。反，通『返』。寝：寝庙，宗庙。古代宗庙分两部分，前面祭祀的地方叫『庙』，后面停放牌位和先人遗物的地方叫『寝』，合称『寝庙』。⑤祔：后死者附祭于宗庙的一种仪式。姑：丈夫之母，即婆婆。⑥贰：不专一。虢：这里指西虢公（详见隐公元年注）。⑦质：人质，以人为抵押品，春秋、战国时多盛行。⑧王子狐：周平王的儿子。⑨公子忽：郑庄公太子。⑩畀：给予。⑪祭足：即祭仲。温：周王畿内小国，在今河南省温县南。⑫成周：周王的城邑，为周公所建，故城在今河南省洛阳市东。⑬信：人言。中：同『衷』。⑭恕：宽恕，体谅。⑮要：约束。⑯间：离间。⑰毛：草木通称。此指野菜。⑱筐：圆汙形竹筐。方者为筐，圆者为筥。锜：三足锅。有足者为锜，无足者为釜。⑲汙：积水。大者为潢，小者为汙。行潦：道路上所积的雨水。⑳荐：进献。与下句『羞』同义。㉑《风》：指《诗经·国风》。《采蘩》《采蘋》：均为《诗经·国风》中篇名。㉒《雅》：此指《诗经·大雅》。《行苇》《泂酌》：均为《诗经·大雅》篇名。㉓昭：显明。㉔武氏子：即武氏之子。武氏，周王室大夫。赙：助丧的财物。㉕宋穆公：宋国国君，名和，宋武公之子，宣公弟，继其兄为国君。㉖大司马孔父：宋国官名。孔父，名嘉，又称孔父嘉，正考父之子，孔丘的祖先。属：同『嘱』，嘱托。殇公：宋宣公之子，名与夷，继穆公为国君。㉗先君：指宋宣公。舍：废弃。㉘灵：福。㉙保首领：意即善终。领，颈项。没：终，即死。㉚社稷：国家。社，土地神；稷，谷神。古代君主均祭祀社稷，后遂以社稷指代国家。㉛冯：人名，穆公之子，即宋庄公。㉜举：荐举。㉝光昭：发扬光大。令德：美德。令，美好。㉞务：尽力从事。㉟吾子：对称代词，即『你』，既表恭敬，又表亲昵。其：

句中语气词，表示期望或命令。㊱公子冯：即穆公之子。㊲庚辰：十五日。㊳飨：同「享」。㊴命以义：其命出于道义。㊵《商颂》：《诗经》中颂扬殷商祖先建国立业的诗篇。㊶咸：都，全。宜：同「义」。㊷百禄：各种福禄。荷：承受。㊸齐：国名，姜姓，太公望之后，都城在今山东省临淄县北。春秋后期，君权由田氏取代，称为田齐。石门：齐国地名，在今山东省长清区西南。㊹庚戌：十二月无庚戌日，恐有误。㊺偾：颠覆。济：济水，古代四渎之一。㊻卫庄公：卫国国君，名扬。东宫：古时太子居东宫，故称太子为东宫。得臣，齐太子名，与庄姜同母，齐庄公嫡长子。㊼《硕人》：《诗经·国风》篇名。㊽陈：国名，妫姓，虞舜的后代，都城在今河南省淮阳县。㊾娣：妹妹。㊿州吁：卫庄公之子。51嬖：宠妾。52石碏：卫国大夫。53义方：道义。54泆：通「逸」，放荡。55过：过分。56阶：阶梯。这里用作动词，即为祸乱制造阶梯。57憾：恨。58昣：克制。鲜：少。59妨：害。60陵：通「凌」。驾凌，61间：因离间而取代。62加：通「驾」，凌驾。63六逆：六种违背道义的行为，即『贱妨贵，少陵长，远间亲，新间旧，小加大，淫破义』。64六顺：六种顺合道义的行为，即『君义，臣行，父慈，子孝，兄爱，弟敬』。另据《管子·五辅》篇：『圣王饬此八礼，以导其民。八者各得其义，则为人君者中立而无私，为人臣者忠患而不党，为人父者慈惠以教，为人子者孝弟以肃，为人兄者宽裕以惠，为人弟者比顺以敬，为人夫者敦懞以固，为人妻者劝勉以贞。』与此略同。65速：动词，使动用法。速祸，即加速祸患到来。66将祸是务去：即『将务去祸』的倒装句式。67游：交往。68老：告老退休。

【译文】

三年春季，周历三月二十四日，周平王去世。讣告上写的是十二日，因此《春秋》也就记为十二日。

夏季，君氏去世。君氏就是声子。因为她去世时没有向诸侯发讣告，安葬之后既没有返回祖庙哭祭，也没有把神位安放在婆婆的神位旁边，所以《春秋》称『卒』不称『薨』。又因为不称她为『夫人』，所以没有记载安葬的情况，也没有记载她的姓。但因为她是隐公的生母，所以称之为『君氏』。

郑武公和郑庄公都做过周平王的卿士。平王打算把权力同时分给虢公一部分，庄公因此对平王有所不满，但平王对他说：『没有这回事。』为此王室和郑国还互换了人质，王室把王子狐送到郑国做人质，郑国则把公子忽送到王室做人质。平王去世后，周人拟将政权交给虢公。四月，郑国的祭足率军抢收了温地的麦子；秋季，又抢收了成周的谷子。从此，王室和郑国结下了仇恨。

君子对此评论说：『如果信任不是出自内心，即使互换人质也没有用处。若能彼此谅解而后行事，并主动接受礼的约束，即使没有人质，又有谁能离间他们呢？假若有诚信之心，即使是沟溪、沼池中的野草、浮萍、白蒿、蕴藻一类的野菜，筐、莒、锜、釜一类的器具以及积聚和流动的水，都可以用来祭祀鬼神，进献王公，更何况君子是要缔结两国之间的信任，只要依礼行事，又何须什么人质？《国风》中有《采蘩》《采蘋》，《小雅》中有《行苇》《泂酌》，都是用以昭明这种忠信之道的诗篇。』

武氏的儿子前来鲁国求取周平王的助丧之物，因为平王还没有安葬。

宋穆公病重，召见大司马孔父，把殇公托付给他，并说：『先君舍弃儿子与夷而立我为君，此恩此德我不敢忘记。如果我能托大夫的洪福得以善终的话，先君假如问起与夷，我怎么回答他呢？请您一定要侍奉与夷主持国政。这样，我也就死而无憾了。』孔父回答说：『群臣可是都愿意侍奉国君的儿子冯啊！』穆公说：『不能这么做。先君认为我贤能，才让我主持国政。如果我背离先君之德而不让位，就废弃了先君的贤德之举，怎么说是贤能呢？发扬先君的美德，能不尽力而为吗？希望您不要废弃先君的功业！』于是让公子冯前往郑国居住。八月庚辰这一天，宋穆公去世。殇公即位。

君子对此评论说：『宋宣公可以说是知人善任了。立了兄弟穆公为君，但他的儿子最终仍旧取得了君位。这大概是因为他的遗命符合道义吧。《商颂》说：「殷王传授王位，兄终弟及，都合于道义，因此他们得到了各种福禄。」说的就是这种情况吧！』

冬季，齐国和郑国在石门会盟，是为重修从前在卢地结下的友好。某日，郑庄公的车子行走时翻到了济水里。

卫庄公娶了齐国太子得臣的妹妹为妻，她叫庄姜。庄姜貌美但未生儿子，卫国人便为她作了《硕人》一诗。庄公又从陈国娶厉妫为妻，生了孝伯，但孝伯很小就死了。厉妫的妹妹戴妫生了桓公，庄姜把桓公当作自己的儿子对待。

公子州吁是庄公宠妾的儿子，受到庄公的溺爱；又喜欢动武，庄公不加禁止，庄姜却很讨厌他。石碏劝告庄公说：『我听说宠爱儿子，应以道义教育他，以免走了邪路。骄横、无礼、纵欲、放荡，是走上邪路的开始。这四种恶习的养成，是由于过分宠爱和享乐。如果您打算立州吁为太子，就请尽快决定；如果还不能定，就会酿成祸患，那种受宠而不骄、骄横而能甘心地位下降、位降而不怨恨、怨恨而能克制安分的人是少有的。卑贱欺压尊贵，年少凌辱年长，疏远挑拨亲近，新人离间旧人，弱小欺侮强大，淫乱破坏道义，这是六逆。国君行事合乎道义，臣子奉命而行，父亲慈爱，子女孝顺，兄长友爱，弟弟恭敬，这是六顺。舍弃六顺而效法六逆，就会加速祸害的到来。作为国君，务必尽力消除祸患，而如今却要加速它的到来，恐怕不行吧？』庄公不听。石碏的儿子石厚常与州吁来往，石碏禁止，但石厚不听。后来卫桓公即位，石碏便告老辞官了。

桓公

桓公元年

传　元年春，公即位，修好于郑。郑人请复祀周公，卒易祊田①。公许之。三月，郑伯以璧假许田②，为周公祊故也。

夏四月丁未③，公及郑伯盟于越④，结祊成也。盟曰：『渝盟无享国⑤。』

秋，大水。凡平原出水为大水。

冬。郑伯拜盟⑥。

宋华父督见孔父之妻于路⑦，目逆而送之。曰：『美而艳⑧。』

【注释】

①卒：结束。祊：古代在宗庙门内举行的祭祀；也指此处设祭的地方。②假：借。③丁未：二日。④越：鲁国地名，在今山东省曹县附近。⑤渝：改变。享：享有。⑥拜：拜谢。⑦华父督：宋戴公之孙，名督，字华父。孔父：即孔父嘉，孔子六世祖。⑧美而艳：面目姣好为『美』，光彩动人为『艳』。

【译文】

元年春季，桓公即位，然后和郑国重建了友好关系。郑国人提出重新祭祀周公，以最终完成以祊田交换许田的事宜。桓公答应了。三月，郑庄公又以增加玉璧为条件要求换取许田，目的是为了促使鲁国同意郑国祭祀周公和以祊田交换许田。

夏季，四月二日，桓公和郑庄公在越地结盟，这是为了完成祊田许田、的交换而结好。双方发誓说：『如果谁违背了盟约，谁就将失去国家。』

秋季，鲁国发了大水。凡水淹没了平原，就叫大水。

冬季，郑庄公前来鲁国拜谢结盟一事。

宋国的华父督在路上见到了孔父的妻子，看着她迎面走来，又目送她的背影远去。他赞叹说：『真是美丽无比，光彩动人。』

桓公二年

传　二年春，宋督攻孔氏。杀孔父而取其妻，公怒[1]，督惧，遂弑殇公。

君子以督为有无君之心而后动于恶，故先书弑其君。

会于稷以成宋乱②，为赂故，立华氏也。

宋殇公立，十年十一战，民不堪命③。孔父嘉为司马，督为大宰，故因民之不堪命。先宣言曰④：『司马则然⑤。』已杀孔父而弑殇公，召庄公于郑而立之⑥，以亲郑。以郜大鼎赂公⑦，齐、陈、郑皆有赂，故遂相宋公⑧。

夏四月，取郜大鼎于宋。戊申⑨，纳于大庙。非礼也。臧哀伯谏曰⑩：『君人者将昭德塞违⑪，以临照百官⑫，犹惧或失之。故昭令德以示子孙。是以清庙茅屋⑬，大路越席⑭，大羹不致⑮，粢食不凿⑯，昭其俭也。衮、冕、黻、珽、带、裳、幅、舄、衡、紞、纮、綖⑰，昭其度也。藻、率、鞞、鞛，鞶、厉、游、缨⑱，昭其数也⑲。火、龙、黼、黻⑳，昭其文也㉑。五色比象㉒，昭其物也㉓。锡、鸾、和、铃㉔，昭其声也。三辰旂旗㉕，昭其明也。夫德，俭而有度，登降有数㉖。文、物以纪之㉗，声、明以发之㉘，以临照百官。百官于是乎戒惧而不敢易纪律㉙。今灭德立违㉚，而寘其赂器于大庙㉛，以明示百官。百官象之㉜，其又何诛焉！国家之败，由官邪也。官之失德，宠赂章也。郜鼎在庙，章孰甚焉？武王克商，迁九鼎于雒邑㉝，义士犹或非之㉞，而况将昭违乱之赂器于大庙，其若之何？』公不听。

周内史闻之曰㉟：『臧孙达其有后于鲁乎！君违不忘谏之以德。』

秋七月，杞侯来朝，不敬。杞侯归，乃谋伐之。

蔡侯、郑伯会于邓，始惧楚也㊱。

九月，入杞，讨不敬也。

公及戎盟于唐，修旧好也。

冬，公至自唐。告于庙也。

凡公行，告于宗庙。反行[37]，饮至，舍爵，策勋焉[38]，礼也。

特相会[39]，往来称地[40]，让事也[41]。自参以上[42]，则往称地，来称会，成事也[43]。

初，晋穆侯之夫人姜氏以条之役生大子[44]，命之曰仇[45]。其弟以千亩之战生[46]，命之曰成师[47]。

师服曰[48]：『异哉，君之名子也[49]！夫名以制义，义以出礼[50]，礼以体政[51]，政以正民[52]。是以政成而民听，易则生乱[53]。嘉耦曰妃[54]，怨耦曰仇[55]，古之命也。今君命大子曰仇，弟曰成师，始兆乱矣[56]，兄其替乎[57]？』

惠之二十四年，晋始乱，故封桓叔于曲沃[58]，靖侯之孙栾宾傅之[59]。

师服曰：『吾闻国家之立也，本大而末小，是以能固。故天子建国[60]，诸侯立家[61]，卿置侧室[62]，大夫有贰宗[63]，士有隶子弟[64]，庶人工商各有分亲[65]，皆有等衰[66]。是以民服侍其上而下无觊觎[67]。今晋，甸侯也[68]，而建国。本既弱矣，其能久乎。』

惠之三十年，晋潘父弑昭侯而纳桓叔[69]，不克。晋人立孝侯[70]。惠之四十五年，曲沃庄伯伐翼[71]，弑孝侯。翼人立其弟鄂侯[72]。鄂侯生哀侯。哀侯侵陉庭之田[73]。陉庭南鄙启曲沃伐翼[74]。

【注释】

①公：指宋殇公。②稷：宋国地名，在今河南省商丘市境内。成：成就，造成。③不堪：不能忍受。④宣言：扬言，散布言论。⑤然：如此，这样。⑥庄公：即公子冯，宋穆公之子。因殇公立而出奔于郑国。⑦郜：国名，姬姓，故城在今山东成武县东南。为宋所灭，其鼎归于宋。⑧相：辅佐。⑨戊申：初九日。⑩臧哀伯：鲁国大夫，名达，

臧僖伯之子。⑪君人者：统治百姓的人，即人君。塞违：堵塞邪恶。违，指违德背礼的行为。⑫临照：监察。⑬清庙：即太庙，又叫明堂、太室。茅屋：指屋顶用茅草覆盖。⑭大路：车子的一种。路，即『辂』。越席：用蒲草结成的席子作为车垫。⑮大羹：肉汁。不致：不加调料。古时祭祀用大羹。⑯粢食：主食。粢，古代祭祀用的谷物。不凿：不春。⑰衮：古代天子及三公穿的礼服。冕：古代礼帽，大夫以上服用。黻：亦作韨或芾，古代用来蔽膝的祭服。珽：玉笏。古代天子以至士，朝见皆执笏。天子用玉笏，诸侯用象牙笏，大夫与士用竹笏。笏的用处是有事写在上面，以备遗忘。带：大带，用来束腰。裳：下裙。幅：古人以布缠足，上至膝，即今之绑腿。舄：鞋子，古人称鞋为履，鞋底用单层者称为屦。双层者称为舄。单层用皮，双层中间加木。古代天子、诸侯，逢吉事都穿舄，士以下穿屦。衡：横笄，即固定帽子的簪子。紞：古代冠冕上用来系瑱（塞耳玉）的带子。纮：系于领下的帽带。綖：冠冕上覆盖的装饰物。⑱藻：即缫藉，荐玉的东西。率：帅的假借字，亦作帨，即佩巾。鞞：刀鞘。鞛：刀把上的装饰。鞶：革带。厉：带上的装饰品。游：旌旗上的飘带。缨：马鞅。⑲数：数量。以上八物各依地位高低不同而数量不同。⑳火、龙、黼、黻：四者均为古代礼服上的花纹。火，半环形；龙，龙形；黼，黑白两色的一对斧头形刺绣；黻，用黑青两色所绣成的两个弓形相背的花纹。㉑文：文采，花纹。㉒五色：指青、黄、赤、白、黑，古时以这五色为正色。比象：即以五色绘成山、龙、花、虫等形象。㉓物：色。㉔锡：马额上的一种饰物，用铜制成，行走时有响声。鸾：同『銮』，车铃。和：车上的小铃。铃：指挂在旌旗上的小铃。㉕三辰：指日、月、星。旂旗：旗帜的总称。旂，一种有铃的旗帜。㉖登降：即升降，意为增减。㉗纪：通『记』，记录，记载。㉘发：表现。㉙易：违反。㉚灭：消除。㉛寘：同『置』。㉜象：法式，榜样。意动用法。㉝九鼎：象征国家政权的传国之宝。相传禹收九牧之金，铸九鼎，象九州。后成汤迁九鼎于商邑，周武王迁之于洛邑。雒邑：即王城，在今河南洛阳市。㉞义士：指伯夷、叔齐。㉟内史：周王室官名。㊱楚：国名，初建都丹阳（在今湖北省秭归县），周武王时迁于郢（今湖北省江陵县）。㊲反行：返回。反，通「返」。㊳饮至：上古诸侯朝会盟伐完毕，祭告宗庙并饮酒庆祝的典礼。后泛指一般奏凯庆功之宴。舍爵：设置酒杯，即饮酒。舍，放置；爵，古「雀」字，古代酒杯，形状似雀。策勋：将功勋书写在简册上。策，用作动词。㊴特：独特，单独。㊵称地：记明地点。㊶让事：会见必有主人，单独二人会见都不肯当主人，互相谦让，就叫作「让事」。㊷参：同「叁」。㊸成事：三国相会，必有盟主，称「成事」。㊹晋穆侯：晋国第九君，名费生。晋国原定都于唐（今山西省太原市），后迁都于绛，即翼（今山西省翼城）。条：晋国地名。大子：太子。㊺命：名。㊻千亩：晋地，在今山西省安泽县北。㊼成师：后受封于曲沃，号桓叔。㊽师服：晋国大夫。㊾名子：为子取名。名作动词用。㊿出礼：产生礼仪。51体政：体现政治。52正民：匡正百姓。53易：违反。54嘉耦：美好的姻缘。耦，通「偶」。55怨耦：不和睦的夫妻。也指敌对的双方。56兆乱：预兆着祸乱。57替：衰落。58曲沃：故城在今山西省临汾市。59靖侯：晋国第六君，桓叔的高祖。栾宾：又名栾叔，字宾父，靖侯的庶孙，桓叔的叔祖。60傅：辅佐。60建国：天子分封诸侯。61立家：诸侯分采邑与卿大夫。62侧室：晋官名。63贰宗：官名，由大夫宗室的弟弟担任。64隶：隶役。士一般由本人子弟担任隶役。65分亲：亲疏有别的宗族或家庭成员。66等衰：等差，等级。67觊觎：非分的希望。68甸：甸服。古代国都城外百里之内称为『郊』，郊外称『甸』。甸服即王畿内千里之地中者，地位低而且贡赋又重。69潘父：晋国大臣。70孝侯：昭侯的儿子，名平。71曲沃庄伯：桓叔之子，名鲜。72鄂侯：孝侯之弟，名郄。73陉庭：翼南边境小城。74南鄙：即陉庭南部边境。

【译文】

二年春季，宋国的华父督攻打孔氏，杀了孔父，占有了他的妻子。宋殇公很恼怒，华父督非常害怕，又把殇公杀了。

君子认为华父督首先是心中没有了国君，然后才有了杀死托孤大臣孔父的恶行，因此《春秋》先记载华父督『弑其君』，然后才写杀了孔父。

桓公和齐僖公、陈桓公、郑庄公在稷地会见，为的是成全宋国的叛乱。因为各国都接受了华父督的贿赂，所以就帮助他建立了华氏政权。

宋殇公即位以后，宋国在十年中发生了十一次战争，百姓已经不堪忍受了。当时孔父做司马，华父督做太宰。华父督看到百姓不堪忍受战乱，就首先扬言：『这是司马孔父的责任。』不久就杀了孔父和殇公，并把宋庄公从郑国请回，立为国君，企图以此和郑国亲近起来。华父督把郜国的大鼎赠送给了桓公，另外对齐国、陈国和郑国也都送了财物。也正因此，他能够得以辅佐宋庄公。

夏季四月，桓公从宋国取来了郜国的大鼎；九日，安放在太庙。这是不合礼的。为此，臧哀伯劝阻说：『作为一个国君，应该宣扬美德，防止违德背礼行为的发生，并以此为准则，监视百官；即使如此，还担心百官会有所违背呢。所以要宣扬美德，并以此为子孙后代做出表率。因此，祖宗的庙宇要用茅草覆盖屋顶，天子祭祀时乘坐的大辂车要铺块草席垫子，祭祀用的肉汁不加任何调料，主食不用精米，这是为了表明节俭的美德。礼服、礼帽、蔽膝、玉笏、衣带、裙子、绑腿、鞋子、横簪、瑱绳、帽带、头巾，是为了表明尊卑上下各有制度。玉器垫子、佩巾、刀鞘、刀饰、革带、带饰、飘带、马鞅，是为了表明尊卑等级各有定数。礼服上绘饰的火焰、飞龙、黼黻图案，是为了表示尊贵的花纹。青、黄、赤、白、黑五种颜色绘出各种形象，是为了表明器物的颜色。车马上的锡、鸾、和、铃，是为了表明声音。旗帜上画有日月星辰，是为了表示明亮。因此，所谓美德，就是节俭而有法度，增减而有定数。以花纹和色彩作为标志，以声音和明亮作为象征，并把这些显扬给百官，百官才能有所警惕和畏惧，从而不敢违反戒律。可是，如今您却放弃德行，炫耀背礼的行为，并公然把宋国贿赂的器物安放在太庙中，显现在百官面前。假如百官竞相效仿，又怎么去惩罚他们呢？一个国家的衰败，是由为官者邪僻的行为开始的；为官者丧失美德，是通过骄纵和贿赂而表现出来的。把郜鼎放在太庙里，还有比这更明显的贿赂行为吗？周武王战胜商朝后，把九鼎搬到王城洛阳，尚且有伯夷、叔齐这样的义士非难他，更何况把标志着违礼和叛乱的贿赂器物放在太庙里，这怎么能行？』桓公不听规劝。

周朝的内史听说了这件事，感叹道：『看来臧孙达的后代在鲁国能长享禄位，因为在国君违反了礼的时候，他没有忘记从德行的角度去劝阻。』

秋季七月，杞武公前来朝见，态度不够恭敬，因此他回国后，鲁国就谋划讨伐他。

蔡桓侯和郑庄公在邓地会见，因为两国已开始对楚国有所惧怕。

九月，鲁国攻入杞国，以讨伐杞武公的不敬。

桓公和戎人在唐地结盟，是为了重建过去的友好关系。

冬季，桓公从唐地回来，祭告了宗庙。

凡是国君外出，临行前都要祭告宗庙；回来后，也要祭告宗庙，宴请臣下，举杯饮酒，记载功勋，这是合乎礼的。

如果某一国君单独和另一国君会见，无论是前往，还是对方前来，都要记载会见的地点，因为这是属于两君互相谦让，谁也不肯为主的会见。会见的国君在三个以上，如果前去别国，就记载会见的地点；如果别国国君前来，就只记载会见，不记会见地点，因为这属于已有盟主的会见。

当初，晋穆侯的夫人姜氏在晋国讨伐条戎的时候生了太子，起名为仇。仇的弟弟是在千亩之战时生的，起名叫成师。

师服对此评论说：『真是奇怪，国君竟这样给儿子起名字！起名应以义为准则，义产生礼，礼是政治、是根本，政治使百姓品行端正，因此政治上成功了百姓才能服从，违反了这一规律就会发生动乱。美好姻缘称为妃，不和睦的夫妻叫作仇，这是古代的名称。如今国君给太子起名为仇，给太子的弟弟起名为成师，这就开始预示要发生动乱了。作为哥哥，即使将来继承了君位，恐怕也要很快衰败下去吧！』

果然鲁惠公二十四年，晋国开始发生动乱。晋昭侯即位后，把桓叔即成师封在曲沃，并让靖侯的孙子栾叔辅佐他。师服对此又评论道：『我曾听说国家的生存就像树木一样，要下面大、上面小，这样才能得以稳固。因此天子分封诸侯，诸侯建立采邑分封给卿，卿再设置侧室一官，大夫又有二宗官职，士则以其子弟为隶役，农业劳动者、手工业劳动者以及商人，各以亲疏远近分出不同的等级。因此百姓才甘愿服从上面，下面也没有非分之想。现在晋国本是周王室甸服内的诸侯，却仍然建立了国家。这个国家的根基既已衰弱，难道还能够长久吗？』

鲁惠公三十年，晋国的潘父杀了晋昭侯，准备迎立桓叔，但没有成功。晋国人立了孝侯为国君。鲁惠公四十五年，桓叔的儿子庄伯攻打翼城，杀了孝侯。翼城人又立了孝侯的弟弟鄂侯为国君。鄂侯生了哀侯。哀侯侵占了陉庭的土地。

陉庭南部边境的人则在下一年引导曲沃武公攻打了翼城。

桓公三年

传　三年春，曲沃武公伐翼①，次于陉庭②。韩万御戎③，梁弘为右④，逐翼侯于汾隰⑤，骖絓而止⑥。夜获之。及栾共叔⑦。

会于嬴⑧，成昏于齐也。

夏，齐侯、卫侯胥命于蒲⑨，不盟也。

公会杞侯于郕，杞求成也。

秋，公子翚如齐逆女⑩。修先君之好，故曰公子。

齐侯送姜氏于讙，非礼也。凡公女嫁于敌国⑪，姊妹则上卿送之⑫，以礼于先君；公子则下卿送之⑬；于大国，虽公子亦上卿送之；于天子，则诸卿皆行，公不自送；于小国，则上大夫送之。

冬，齐仲年来聘，致夫人也⑭。

芮伯万之母芮姜恶芮伯之多宠人也⑮，故逐之，出居于魏⑯。

【注释】

①曲沃武公：庄伯之子，即后来的晋武公。他先后杀掉晋哀侯、小子侯、晋侯缗，统治晋国。②次：驻扎。③

韩万：庄伯之弟。御戎：驾驶战车。④梁弘：武公的大臣。右：古代战车，每车甲士三人，驾车的居中，称为御或御戎，执戈矛的居右，称右，尊者居左。⑤翼侯：指晋哀侯。汾隰：汾河岸边的低洼地。⑥骖：古代战车，一车四马，中间两马为『服』，两边两马为『骖』。绊：阻碍。⑦栾共叔：栾宾之子，名成，为哀侯大夫。⑧嬴：齐国地名，故城在今山东省莱芜市西北。⑨胥命：会谈而不盟誓。蒲：卫国地名，在今河南省长垣县东。⑩公子翚：即羽父，或称公子挥，姬姓。鲁国宗室。⑪公女：公室女子。敌国：匹敌的国家。⑫姊妹：即国君的姊妹。⑬公子：七代男女皆可称为公子，此则国君的女儿，也叫女公子。⑭致：致送。⑮芮伯万：芮国国君，名万。芮，国名，故城在今陕西省大荔县东南。⑯魏：国名，为晋献公所灭。故城在今山西省芮城县境。

【译文】

三年春季，曲沃武公攻打翼城，军队驻扎在陉庭。韩万为武公驾车，梁弘为车右，在汾水附近的低洼地带追赶晋哀侯，由于行进中驾车的马被道旁的树木挂住而不得不停下来。夜里，俘获了晋哀侯和栾共叔。

桓公和齐僖公在嬴地会见，这是为了和齐女订婚。

夏季，齐僖公和卫宣公在蒲地会谈，并没有结盟。

桓公和杞武公在郕地会见，因为杞国要求讲和。

秋季，鲁国的公子翚到齐国迎娶齐女，从而重修了前代国君建立的友好关系。因此《春秋》称翚为『公子』。

齐僖公护送姜氏到了鲁国的讙地，这是不合礼的。凡诸侯国的公室女子出嫁到同等国家，国君的姐妹，由上卿护送，以表示对前代国君的敬重；国君的女儿，由下卿护送。如果出嫁到大国，即使是国君的女儿，也要由上卿护送。如果嫁给天子，就由诸大臣护送前往，国君并不亲自护送。如果出嫁到小国，就由上大夫护送。

冬季，齐仲年前来鲁国聘问，是为了探望姜氏。

芮国国君芮伯万的母亲芮姜厌恶芮伯的宠臣太多，便把他赶走了，让他住在魏城。

桓公四年

传　四年春正月，公狩于郎，书，时①，礼也。

夏，周宰渠伯纠来聘②。父在，故名。

秋，秦侵芮③，败焉，小之也④。

冬，王师、秦师围魏，执芮伯以归⑤。

【注释】

①时：合时，即不误农时。②宰：官名。渠伯纠：渠，地名，邑为氏。伯，排行。纠，名。③秦：国名，嬴姓。故城在今甘肃省天水市附近的秦城，后迁都于陕西省咸阳市东。④小之：轻视芮国。小，意动用法。⑤芮伯：即芮伯万。

【译文】

四年春季，正月，桓公在郎地狩猎，《春秋》记载了此事，是因为此时正是农闲，狩猎是合于礼的。

夏季，周王室的宰官渠伯纠前来聘问。因为他的父亲还健在，所以《春秋》记载了他的名字。

秋季，秦国攻打芮国，结果战败，这是因为秦国小看了芮国，轻敌导致失败。

冬季，周王室的军队、秦国的军队联合包围了芮国的魏地，抓了芮伯回去。

桓公五年

传　五年春正月，甲戌①，己丑②，陈侯鲍卒③，再赴也④。于是陈乱。文公子佗杀大子免而代之⑤。公疾病而乱作，国人分散，故再赴。

夏，齐侯、郑伯朝于纪，欲以袭之。纪人知之。

王夺郑伯政，郑伯不朝。秋，王以诸侯伐郑，郑伯御之。

王为中军，虢公林父将右军⑥，蔡人、卫人属焉⑦，周公黑肩将左军⑧，陈人属焉。

郑子元请为左拒以当蔡人、卫人⑨，为右拒以当陈人，曰：『陈乱，民莫有斗心，若先犯之⑩，必奔。王卒顾之⑪，必乱。蔡、卫不枝⑫，固将先奔。既而萃于王卒⑬，可以集事⑭。』从之。曼伯为右拒⑮，祭仲足为左拒，原繁、高渠弥以中军奉公⑯，为鱼丽之陈⑰，先偏后伍⑱，伍承弥缝⑲。

战于繻葛⑳，命二拒曰：『旝动而鼓㉑。』蔡、卫、陈皆奔，王卒乱，郑师合以攻之，王卒大败，祝聃射王中肩，王亦能军。祝聃请从之㉒。公曰：『君子不欲多上人㉓，况敢陵天子乎㉔！苟自救也㉕，社稷无陨，多矣。』

夜，郑伯使祭足劳王㉖，且问左右。

仍叔之子来聘㉗，弱也㉘。

秋，大雩㉙，书，不时也。凡祀，启蛰而郊㉚，龙见而雩㉛，始杀而尝㉜，闭蛰而蒸㉝。过则书。

冬，淳于公如曹㉞。度其国危，遂不复㉟。

【注释】

①甲戌：上年十二月二十一日。②己丑：此年正月初六。③陈侯鲍：即陈桓公。④再赴：二次发讣告。赴通『讣』。⑤佗：陈文公之子，陈桓公之弟，名五父。⑥虢公林父：周王卿士。⑦属：隶属。⑧周公黑肩：即周桓公，此时任王卿士。⑨子元：即公子突。拒：方形阵势，拒，也作『矩』。⑩犯：侵犯，攻击。⑪顾：照顾。⑫枝：支持，支撑，枝，亦作『支』。⑬萃：聚集。⑭集：成。⑮曼伯：公子忽，字曼伯。⑯原繁：郑国大夫。高渠弥：郑国大臣。⑰鱼丽：战阵名。战时战车与步兵混编，兵车一队分为二编，如兵车五十乘，则二十五乘为一编。再以步卒填补兵车的空隙之间，兵车在前，步卒在后。⑱伍：步卒五人为『伍』。⑲承：承接。弥：弥补。⑳繻葛：长葛，在今河南省长葛县境内。㉑旝：大旗。㉒从：追赶。㉓多：满足。上：陵驾，超越。㉔陵：通『凌』，侵侮。㉕苟：如果。㉖劳：慰问。㉗仍叔：周大夫。㉘弱：年轻。㉙雩：祭祀求雨的一种活动。㉚启蛰：惊蛰。郊：郊礼，即古时于夏历正月祈求谷物丰登的一种礼仪。㉛龙：苍龙，即东方角、亢、氐、房、心、尾、箕七宿的总称，其中有室女座、天秤座、天蝎座、人马座之星。㉜见：同『现』。㉝杀：肃杀，即秋气来临。尝：祭名，古时在夏历七月举行。《礼记·月令》有『孟秋之月，农乃登谷，天子尝新，先荐寝庙』。㉞闭蛰：昆虫蛰伏。烝：冬祭名，古时在孟冬十月举行。㉟淳于公：州国国君，即州公。

州，国名，姜姓，定都于淳于（今山东省安丘市东北）。曹：国名，姬姓，定都于陶丘（在今山东省定陶县西南）。

㊱复：返国。

【译文】

五年春季正月，陈桓公去世。《春秋》记载的去世日期有两个：去年十二月二十一日和今年正月初六。这是因为两次讣告上写的日期不同。由于当时陈文公的儿子佗杀了太子免后取而代之，陈桓公病重时动乱发生，国内的人们四散奔逃，所以又给鲁国发了一次讣告。

夏季，齐僖公、郑庄公前往纪国朝见，想乘机偷袭纪国。纪国人察觉了他们的用心。

周天子剥夺了郑庄公的权力，庄公从此不再朝见。秋季，天子率领诸侯讨伐郑国，庄公出兵抵抗。

天子率领中军，虢公林父率领右军，蔡国和卫国军队也隶属于右军；周公黑肩率领左军，陈国军队则隶属于左军。郑国的子元请求设左方阵抵挡蔡军和卫军，设右方阵抵挡陈军。他说：『陈国目前正处动乱，百姓没有作战的积极性，如果首先进攻他们，必然四散奔逃。天子的军队要去接应，也一定会发生混乱。蔡军、卫军招架不住就一定竞相逃命，然后可以集中兵力对付天子的中军，这样就可以一举获胜。』庄公同意了他的建议。于是由曼伯任右方阵主帅，祭仲任左方阵主帅，原繁、高渠弥则率中军护卫着庄公，摆开了被称之为『鱼丽』的阵势，即以二十五辆战车居前，以一百二十五辆战车随后，以弥补前面的空隙，鱼贯而进。

战斗在郑国的繻葛展开。庄公对左右两方阵下令：『看到军旗挥动，你们就击鼓进攻。』结果蔡、卫、陈三军四散奔逃，天子的军队也乱了起来，郑国的军队从两边夹攻，天子的军队大败。祝聃射中了天子的肩膀，但天子还可以指挥军队。祝聃请求继续追赶，庄公说：『君子不希望逼人太甚，更何况是冒犯天子呢？倘若我们能挽救自己，使国家免于灭亡，我也就满足了。』

夜里，郑庄公派遣祭仲足前去慰问天子，同时问候他的左右官员。

天子派周大夫仍叔的儿子前来鲁国聘问。《春秋》所以写『仍叔之子』而不写他的名字，是因为他还太年轻。

秋季，鲁国举行了大雩祭，《春秋》记载此事，是因为这不是正常的祭祀活动。凡是祭祀，惊蛰的时候举行郊祭，东方七宿出现时举行雩祭，秋天肃杀寂寥时举行秋祭，昆虫蛰伏时举行冬祭。如果不是这种正常的祭祀活动，就要加以记载。

冬季，淳于公到曹国访问。他估计自己的国家将有危险，就没有回国。

庄公

庄公元年

传 元年春，不称即位，文姜出故也[①]。

三月，夫人孙于齐[②]。不称姜氏。绝不为亲，礼也。

秋，筑王姬之馆于外[③]。为外，礼也。

【注释】

①出：外出。②夫人：指文姜。孙：通“逊”，奔。③王姬：周王之女的通称。此王姬当是周平王孙女，嫁与齐国国君。馆：馆舍。外：城外。古礼，天子嫁女，使同姓诸侯主婚，故将王姬送至鲁国。王姬因不是鲁国女，故在城外筑馆舍而备出嫁。

【译文】

元年春季，《春秋》没有记载庄公即位，是由于此时他的母后文姜外出还没有回国。

三月，文姜逃亡在齐国。《春秋》不称其为姜氏而称“夫人”，是因为桓公被杀，庄公与之断绝了母子关系，这是合乎礼的。

秋季，鲁国在城外为天子的孙女王姬建造馆舍。王姬不是鲁国女子，在城处建馆是合乎礼的。

庄公二年

传　二年冬，夫人姜氏会齐侯于禚①。书，奸也。

【注释】

①禚：齐国地名，在今山东省长清区境内。

【译文】

二年冬季，夫人文姜在禚地和齐襄公再次相会。《春秋》记载此事，表明他们的相会实际上是通奸。

庄公二十八年

传 二十八年春，齐侯伐卫。战，败卫师。数之以王命①，取赂而还。

晋献公娶于贾②，无子。烝于齐姜③，生秦穆夫人及大子申生。又娶二女于戎，大戎狐姬生重耳④，小戎子生夷吾⑤。晋伐骊戎⑥，骊戎男女以骊姬⑦。归，生奚齐。其娣生卓子⑧。骊姬嬖，欲立其子，赂外嬖梁五⑨，与东关嬖五⑩，使言于公曰：『曲沃，君之宗也⑪。蒲与二屈⑫，君之疆也。不可以无主。宗邑无主则民不威，疆埸无主则启戎心⑬。戎之生心，民慢其政⑭，国之患也。若使大子主曲沃，而重耳、夷吾主蒲与屈，则可以威民而惧戎，且旌君伐⑮。』使俱曰：『狄之广莫⑯，于晋为都⑰。晋之启土⑱，不亦宜乎？』晋侯说之⑲。夏，使大子居曲沃，重耳居蒲城，夷吾居屈。群公子皆鄙⑳，唯二姬之子在绛㉑。二五卒与骊姬谮群公子而立奚齐㉒，晋人谓之『二五耦㉓』。

楚令尹子元欲蛊文夫人㉔，为馆于其宫侧而振万焉㉕。夫人闻之，泣曰：『先君以是舞也，习戎备也㉖。今令尹不寻诸仇雠㉗，而于未亡人之侧㉘，不亦异乎㉙！』御人以告子元㉚。子元曰：『妇人不忘袭雠，我反忘之！』

秋，子元以车六百乘伐郑，入于桔柣之门㉛。子元、斗御强、斗梧、耿之不比为旆㉜，斗班、王孙游、王孙喜殿㉝。众车入自纯门㉞，及逵市㉟。县门不发㊱，楚言而出㊲。子元曰：『郑有人焉㊳。』诸侯救郑，楚师夜遁。郑人将奔桐丘㊴，谍告曰㊵：『楚幕有乌㊶。』乃止。

冬，饥。臧孙辰告籴于齐㊷，礼也。

筑郿㊸，非都也。凡邑，有宗庙先君之主曰都，无曰邑。邑曰筑，都曰城。

【注释】

①数：责备。命：名义。②贯：姬姓诸侯国。③齐姜：齐国女。一说为晋武公之妾。④大戎狐姬：又名狐季姬，王子狐之后。⑤小戎子：大戎狐姬之妹。⑥骊戎：国名，地址不详。⑦骊戎男：骊戎国君。男，爵名。⑧娣：指骊姬之妹。⑨外嬖：受宠的男子。女人受宠则叫内嬖。梁五：人名，晋大夫。⑩东关嬖五：人名，晋大夫。⑪宗：宗庙所在地。⑫蒲：地名，晋邑，在今山西省蒲县西北。二屈：即南屈和北屈，均为地名。⑬戎：泛指境外异国。⑭慢：轻慢。⑮旌：表彰。伐：功。⑯狄：古代泛指我国北方少数民族地区。广莫：广大无垠。莫，通『漠』。⑰都：城邑。⑱启土：开拓疆土。⑲说：通『悦』。⑳鄙：边疆。㉑二姬：指骊姬与其妹妹。㉒立：立为太子。㉓二五耦：即梁五与东关嬖五朋比为奸。耦，二人共做某事。㉔子元：又名王子善、公子元，楚武王之子，文王之弟。蛊：诱惑。文夫人：楚文王夫人息妫。㉕振：摇铃。万：舞名。㉖习戎备：演习备战。㉗寻：用。仇雠：仇敌。㉘未亡人：古代寡妇自称。㉙异：奇怪。㉚御人：侍者。㉛桔柣：郑国远郊城门。㉜斗御强、斗梧、耿之不比：三人名，均为楚大夫。旆：前军，先锋。㉝斗班、王孙游、王孙喜：三人名，均为楚大夫。殿：殿后。㉞纯门：郑国外郭门。㉟逵市：大路上的市场。㊱县：通『悬』。悬门即闸门。不发：不放下。㊲楚言：用楚国方言说话。㊳

人：人才。㊴桐丘：地名，在今河南省扶沟县西。㊵谍：间谍。㊶幕：帐篷。㊷籴：购买粮食。㊸郿：鲁国地名，在今山东省寿张以南。

【译文】

二十八年春季，齐桓公讨伐卫国。双方交战，结果卫国战败。桓公以天子的名义谴责了他们，并夺取了财物后回国。

晋献公从贾国娶了妻子，但没生儿子。他和齐姜通奸，生了秦穆夫人和太子申生；。又从戎国娶了两个女子，大戎狐姬生了重耳，小戎子生了夷吾。晋国攻打骊戎，骊戎男把骊姬献给了晋献公，回国后生了奚齐，骊姬的妹妹生了卓子。骊姬受到宠爱，想立自己的儿子为太子，就贿赂献公宠爱的梁五和东关嬖五，通过他们对献公说：『曲沃是国君宗庙所在之地，蒲地和北屈、南屈是国君的边疆，这几个地方不能无人掌管。宗庙所在之地如果没人掌管，百姓就没有畏惧；边疆无人掌管，就会使外敌产生侵犯之心。如今戎狄有侵犯我国的企图，百姓又轻视政令，这是国家的隐患。如果让太子主管曲沃，让重耳、夷吾分别主管蒲地和屈地，就能够使百姓有所畏惧，使戎狄害怕，并能以此宣扬国君的功德。』骊姬还让他俩对献公说：『狄人拥有广大的土地，应该使这些土地成为晋国的城邑。晋国不断地扩大自己的疆土，不也是应该的吗？』献公非常高兴。夏季，便让太子住在曲沃，重耳住在蒲城，夷吾住在屈地；其他公子也都分别住到边疆，只有骊姬和她妹妹的儿子仍住在绛城。梁五和东关嬖五最后终于和骊姬诬陷了在外的公子们，立了奚齐为太子。晋国人称这两个人为『二五耦』。

楚国的令尹子元想引诱文王的夫人息妫，在她的宫室旁边建造了房子，并在房内摇动大铃跳起了《万》舞。文王夫人听到后，哭泣道：『过去先君让人跳这种舞，是用于演习备战。如今令尹不把此舞用于对付仇敌，却在我这寡妇的身边演奏，真是莫名其妙！』仆人把这话告诉了子元，子元感叹道：『女人还没有忘记侵袭敌人，而我反倒忘记了。』

秋季，子元率领六百辆战车讨伐郑国，攻入了郑都的桔柣之门。子元、斗御强、斗梧、耿之不比率军先行，斗班、王孙游、王孙喜殿后。战车车队进入郑都外城的纯门，到达大路上的市场。但内城的闸门没有放下，楚国人议论了一阵就后退了。子元说：『郑国有人才。』诸侯们前来救援郑国，楚军就在夜里悄悄撤走了。郑国人本来已准备逃到桐丘，探子报告说：『楚军已经撤退。』这才放弃了逃跑的念头。

冬季，鲁国发生了饥荒。鲁大夫臧孙辰前往齐国购买粮食，这是合乎礼的。

鲁国在郿地筑城，郿城并不是『都』。凡是城邑，有宗庙和先君灵位的叫『都』，没有的则叫『邑』。修建邑称『筑』，修建都称『城』。

庄公二十九年

传　二十九年春，新作延厩[1]，书，不时也。凡马日中而出[2]，日中而入[3]。

夏，郑人侵许。凡师有钟鼓曰伐，无曰侵，轻曰袭。

秋，有蜚[4]。为灾也。凡物不为灾不书。

冬十二月，城诸及防[5]，书，时也。凡土功，龙见而毕务[6]，戒事也[7]。火见而致用[8]，水昏正而栽[9]，日至而毕[10]。

樊皮叛王⑪。

【注释】

①延厩：马圈名。②日中：指春分、秋分。春分与秋分两时节白天和黑夜一样长，所以称为日中。出：春分时节，百草生长，出外牧马。③入：秋分后，水寒草枯，马匹开始入圈。④蜚：蜚盘虫。⑤诸、防：鲁国二邑名。诸，故城在今山东省诸城市西南。防，即东防。⑥龙：苍龙星，东方七宿的总称。苍龙星出现在夏历九月。毕务：农事完毕。⑦戒事：土功的准备工作。⑧火：星名，即心宿。夏历十月初，早晨出现在东方。致用：将工具放在场地上。⑨水：星名，即定星，又叫营室。昏正：黄昏正现于南方。栽：筑墙立板。⑩日至：冬至。⑪樊皮：周王朝大夫。

【译文】

二十九年春季，鲁国新建了延厩。《春秋》记载此事，是因其不合时令。凡是马，春分时节要放牧原野，秋分时节则入圈饲养。

夏季，郑国人入侵许国。凡是军队出动，敲钟打鼓称作『伐』，没有钟鼓称作『侵』，以轻装部队攻其不备称作『袭』。

秋季，鲁国发现了蜚盘虫，造成了灾害。凡是万物没有造成灾害，《春秋》就不予记载。

冬季十二月，鲁国在诸地和防地筑城。《春秋》记载此事，是因其合于时令。凡是土木工程的建设，只要是苍龙星在东方出现，农忙时节已过，就要开始做准备了。等东方出现了大火星，就要把各种工具放到工地上。黄昏时在正南方见到营室星的时候，就要动工兴建，到了冬至则停止施工。

周大夫樊皮背叛了周天子。

庄公三十年

传 三十年春，王命虢公讨樊皮。夏四月丙辰①，虢公入樊，执樊仲皮②，归于京师。

楚公子元归自伐郑，而处王宫，斗射师谏③，则执而梏之④。秋，申公斗班杀子元⑤，斗穀於菟为令尹⑥，自毁其家以纾楚国之难⑦。

冬，遇于鲁济⑧，谋山戎也⑨，以其病燕故也⑩。

【注释】

①丙辰：十四日。②樊仲皮：即樊皮。③斗射师：楚国大夫。④梏：木制手铐。此处用作动词。⑤申公：楚国申县地方长官。楚国君自称王，县尹都称公。⑥斗穀於菟：即令尹子文。⑦纾：缓解，解除。⑧鲁济：鲁国济水。⑨山戎：少数民族部落名，散处于今河北省迁安、卢龙、滦县一带。⑩病燕：危害燕国。燕，北燕，召公奭之后，所立国都建于蓟。

【译文】

三十年春季，周天子命令虢公攻打樊皮。夏季四月十四日，虢公进入樊国，抓住了樊皮，并带回京城。

楚国的公子元攻打郑国回来后，住在王宫里，企图继续引诱文王夫人。斗射师出面劝阻，公子元就把他抓了起来，并戴上手铐。秋季，申县的县尹斗班杀了子元，斗穀於菟做了令尹。他捐弃了自己的家财，用以缓和楚国面临的危难。

冬季，庄公和齐桓公在鲁国的济水非正式会见，谋划攻打山戎，因为山戎曾使燕国受到危害。

庄公三十一年

传　三十一年夏六月，齐侯来献戎捷①，非礼也。凡诸侯有四夷之功②，则献于王，王以警于夷。中国则否③。诸侯不相遗俘④。

【注释】

①献戎捷：奉献俘获的戎人。战胜有所获，献其所获称献捷，又叫献功。②四夷：泛指四方边境的少数民族部落。③中国：中原。④遗：赠送。

【译文】

三十一年夏季六月，齐桓公前来鲁国奉献俘获的戎人，这是不合礼的。凡是诸侯攻打四方夷狄，胜利后就把抓获的俘虏奉献给天子，天子以此警诫四方夷狄。而中原各诸侯国之间作战则不必如此，诸侯之间不能互相赠送俘虏。

庄公三十二年

传　三十二年春，城小穀①，为管仲也。

齐侯为楚伐郑之故，请会于诸侯。宋公请先见于齐侯。夏，遇于梁丘②。

秋七月，有神降于莘③。

惠王问诸内史过曰④：『是何故也？』对曰：『国之将兴，明神降之，监其德也⑤；将亡，神又降之，观其恶也。故有得神以兴，亦有以亡。虞、夏、商、周皆有之。』王曰：『若之何？』对曰：『以其物享焉⑥，其至之日，亦其物也⑦。』王从之。内史过往，闻虢请命⑧，反曰：『虢必亡矣，虐而听于神⑨。』

神居莘六月。虢公使祝应、宗区、史嚚享焉⑩。神赐之土田。史嚚曰：『虢其亡乎！吾闻之，国将兴，听于民；将亡，听于神。神，聪明正直而壹者也⑪，依人而行。虢多凉德⑫，其何土之能得！』

初，公筑台，临党氏⑬，见孟任，从之。𬮱⑭，而以夫人言，许之。割臂盟公，生子般焉。雩⑮，讲于梁氏⑯，女公子观之⑰。圉人荦自墙外与之戏⑱。子般怒，使鞭之。公曰：『不如杀之，是不可鞭。荦有力焉，能投盖于稷门⑲。』

公疾，问后于叔牙⑳。对曰：『庆父材㉑。』问于季友，对曰：『臣以死奉般㉒。』公曰：『乡者牙曰庆父材㉓。』成季使以君命命僖叔待于鍼巫氏㉔，使鍼季鸩之㉕，曰：『饮此则有后于鲁国㉖，不然，死且无后。』饮之，归及逵泉而卒㉗，立叔孙氏㉘。

八月癸亥㉙，公薨于路寝㉚。子般即位，次于党氏㉛。冬十月己未㉜，共仲使圉人荦贼子般于党氏㉝。成季奔陈。立闵公㉞。

【注释】

①小穀：即穀，齐邑名，在今山东省东阿县境内。②梁丘：宋国邑名，在今山东省成武县东北。③

莘：虢国地名，在今河南省三门峡市西。④内史过：周王朝大夫。内史，官名；过，人名。⑤监：视。⑥以其物享：用与它相应的祭品去祭祀。其，它，指神灵；物，祭品、祭服等；享，祭享。⑦其至之日，亦其物：指神灵降临之日，即用与此日相当的祭品去祭祀。古代祭神有一定制度，据《礼记·月令》载：『甲、乙日至，祭先脾，玉用苍，服上青；丙、丁日至，祭用肺，玉、服皆赤；戊、己日至，祭用心，玉、服皆黄；庚辛日至，祭用肝，玉、服皆白；壬、癸日至，祭用肾，玉、服皆玄。』⑧请命：求神赐予。⑨虐：暴虐。⑩祝应：人名。祝，太祝。宗区：人名。宗，宗人。史嚚：人名。史，太史。⑪壹：一心一意。⑫凉：薄，少。⑬党氏：鲁国大夫。⑭闷：闭门。⑮雩：一种求雨的祭祀活动。⑯讲：演习。梁氏：鲁国大夫。⑰女公子：庄公女，子般妹。⑱圉人荦：养马人，名荦。戏：调戏。⑲盖：门扇。稷门：鲁城正南门。⑳后：继承人。叔牙：鲁庄公的弟弟。庄公有三弟，长曰庆父，次曰叔牙，次曰季友。㉑材：有才能。㉒般：即子般。㉓乡：过去。㉔成季：即季友。僖叔：即叔牙。鍼巫氏：即鍼季，鲁大夫。鍼，姓；巫，职或名；氏，家。㉕鸩：鸟名，羽毛有毒，古人用来制毒酒杀人。所以，用毒酒杀人也称鸩。㉖后：后代的禄位。㉗逵泉：鲁地名，在今山东省曲阜市东南。㉘叔孙氏：指僖叔的儿子。㉙癸亥：五日。㉚路寝：正寝。寝，寝室。古代天子有六寝，正寝一，燕寝五；诸侯有三寝，正寝一，燕寝二。正寝又叫路寝，燕寝又叫小寝。平日居燕寝，斋戒及疾病则居路寝。㉛次：居住。㉜己未：初二日。㉝共仲：即庆父。贼：刺杀。㉞闵公：鲁庄公子，名开。

【译文】

三十二年春季，齐国在小榖筑城，这是为管仲建造的。

齐桓公因为楚国讨伐郑国一事，请求和各诸侯会见。宋桓公请求先和齐桓公见面，夏季，二人在梁丘非正式会见。

秋季七月，有神灵在莘地显现。

周惠王问大夫内史过：『这是什么原因？』内史过回答说：『一个国家将要兴盛时，神灵就要下降，为的是观察这一国家的德行；一个国家将要灭亡时，神灵也会下降，为的是观察它的邪恶。因此，有的国家因神灵而兴盛，有的则因神灵而灭亡。虞、夏、商、周都有过这种情况。』周惠王说：『应该怎么办呢？』内史过回答：『使用相应的物品来祭祀。在神灵降临之日，依照惯例，这一天的祭祀应该使用的物品，也就是适用于他的物品。』周惠王听从了，于是内史过前去祭祀。当他听到虢国请求神灵赐予土地一事时，回来说：『虢国一定要灭亡了，因为虢君暴虐成性，听命于神，却不顺从民心。』

神灵在莘地停留了六个月。虢公派遣祝应、宗区、史嚚前往祭祀，神灵答应赐给他疆土田地。史嚚说：『看来虢国是要灭亡了吧。我听说一个国家将要兴起，就要听命于百姓；将要灭亡，则听命于神灵。神灵一向聪明正直而专一，都是针对不同的人而行事。虢国缺德之事太多，又能得到什么土地呢？』

当初，庄公建造了高台，从台上可以看到党家。有一次他在台上见到孟任，就跟着她走。孟任闭门拒绝，庄公答应立她为夫人，她才同意了，并割破手臂和庄公盟誓，后来生了子般。鲁国举行雩祭，在梁家预演，庄公的女公子观看演习。养马人荦从墙外调戏她，子般恼怒了，让人鞭打荦。庄公说：『不如杀了他，对这个人靠鞭打不行，他很有力气，能够举起稷门的城门扔出去。』

庄公患了病，向叔牙询问有关继承人的问题。叔牙回答说：『庆父比较有才能。』向季友询问，季友回答说：『我决心誓死侍奉子般。』庄公说：『刚才叔牙说庆父有才能。』于是季友派人以国君的名义让叔牙在鲁大夫鍼巫家里等候，让鍼巫在酒里下了毒药，并说：『喝了这酒，你的后代就可以在鲁国享有禄位；否则，即使你死了，后代也休想得到禄位。』叔牙喝了毒酒，回去时走到逵泉就死了。鲁国立他的儿子为叔孙氏。

八月五日，庄公寿终正寝。子般继位，住在党氏家里。冬季十月二日，共仲派养马人荦在党家刺杀了子般。季友逃亡到了陈国。庆父立闵公为国君。

僖公

僖公元年

传 元年春，不称即位，公出故也。公出复人，不书，讳之也①。讳国恶②，礼也。

诸侯救邢③，邢人溃，出奔师④。师遂逐狄人，具邢器用而迁之，师无私焉⑤。

夏，邢迁于夷仪，诸侯城之，救患也。凡侯伯，救患、分灾、讨罪，礼也。

秋，楚人伐郑，郑即齐故也⑥。盟于荦⑦，谋救郑也。

九月，公败邾师于偃⑧，虚丘之戍将归者也⑨。

冬，莒人来求赂。公子友败诸郦⑩，获莒子之弟拏⑪。非卿也，嘉获之也⑫。公赐季友汶阳之田及费⑬。

夫人氏之丧至自齐⑭，君子以齐人之杀哀姜也为已甚矣，女子，从人者也⑮。

【注释】

①讳：隐讳，忌讳。②国恶：国乱。③诸侯：指齐桓公、宋桓公、曹昭公。④出奔师：逃奔到诸侯的军队里。⑤无私：无所私取。⑥即：就，亲附。⑦荦：陈国地名，在今河南省淮阳县西北。⑧偃：邾国地名，在今山东省费县南。⑨虚丘：地名，在今山东省费县境内。⑩郦：鲁国地名。⑪挐：莒国君的弟弟。⑫获：大夫被俘，无论生死都称为获。⑬汶阳：汶水的北面。费：鲁国地名，故址在今山东费县西北。⑭夫人氏：即哀姜，原文脱一『姜』字。丧：指尸体。⑮从人：古人认为女子既嫁从夫，哀姜在夫家有罪，应由鲁国处理。

【译文】

元年春季，《春秋》没有记载僖公即位一事，是因为此时僖公正出奔在外。对僖公的出奔以及回国，《春秋》均不加记载，是出于避讳。隐讳国家的丑事，是合乎礼的。

诸侯们救援邢国，邢人纷纷溃散，士兵逃入诸侯的军队里。诸侯的军队赶走了狄人，把邢国的器物财货都装到车上，让他们迁走，军队没有私取任何财物。

夏季，邢国迁到夷仪，诸侯帮助筑城，这是帮助他们解救患难。凡是诸侯领袖，出面解救患难，分担灾祸，讨伐罪人，都是合乎礼的。

秋季，楚国人讨伐郑国，是因为郑国亲近了齐国。僖公和齐桓公、宋桓公、郑文公、曹昭公和邾人在荦地结盟，谋划救援郑国。

九月，僖公在偃地打败了邾国军队，邾军是戍守在虚丘准备撤回的军队。

冬季，莒国前来求取财货。公子友在郦地打败了他们，俘获了莒子的弟弟挐。莒挐不是卿，但《春秋》记载『获莒挐』，是赞扬公子友的功劳。僖公为此把汶阳的田地和费地赐给了公子友。

庄公夫人哀姜的灵柩从齐国运来。君子认为齐国人杀死哀姜太过分了，因为妇女出嫁后，就要听从夫家的，有罪也应由夫家惩治。

僖公二年

传　二年春，诸侯城楚丘而封卫焉①。不书所会，后也②。

晋荀息请以屈产之乘与垂棘之璧③，假道于虞以伐虢④。公曰⑤：『是吾宝也⑥。』对曰：『若得道于虞，犹外府也⑦。』公曰：『宫之奇存焉⑧。』对曰：『宫之奇之为人也，懦而不能强谏，且少长于君，君昵之⑨，虽谏，将不听。』乃使荀息假道于虞，曰：『冀为不道⑩，入自颠軨⑪，伐鄍三门⑫。冀之既病⑬，则亦唯君故⑭。今虢为不道，保于逆旅⑮以侵敝邑之南鄙⑯。敢请假道以请罪于虢⑰。』虞公许之，且请先伐虢。宫之奇谏，不听，遂起师。夏，晋里克、荀息帅师会虞师伐虢，灭下阳⑱。先书虞，贿故也。

秋，盟于贯⑲，服江、黄也⑳。

齐寺人貂始漏师于多鱼㉑。

虢公败戎于桑田㉒。晋卜偃曰：『虢必亡矣。亡下阳不惧，而又有功，是天夺之鉴㉓，而益其疾也㉔。必易晋而不抚其民矣㉕。不可以五稔㉖。』

冬，楚人伐郑，斗章囚郑聃伯㉗。

【注释】

①封：封疆。古代天子建诸侯，必分给土地，立其疆界，聚土为封以作标记，称为封国。因卫国君死国灭，重新封建，故称为封。②后：指鲁国后到，工程已完。③荀息：即荀叔，晋国大臣。屈：即北屈，详见庄公二十年传注。乘：马四匹称为乘。垂棘：地名，在今山西省潞城县北。④假道：借路通过。虞：国名，故城在今山西省平陆县东北。晋伐虢，必须经过虞境。⑤公：指晋献公。⑥宝：指马与璧。⑦外府：外库。⑧宫之奇：虞国贤臣。⑨昵：亲昵。⑩翼：国名，在今山西省河津市东北。不道：即残暴。⑪颠軨：虞国地名，为中条山的要冲。⑫鄍：虞国地名。⑬病：衰弱。⑭唯：因为。⑮保：小城，即今之堡垒，用作动词。逆旅：旅馆客舍。⑯敝邑：敝国。敝，谦辞。南鄙：南部边境。⑰请罪：问罪。⑱下阳：虢邑，在今山西省平陆县东北。⑲贯：宋国地名，在今山东省曹县南。⑳服：归服，指江、黄二国归服于齐国。江：国名，嬴姓，故城在今河南省息县西南。黄：国名。㉑寺人貂：即竖貂，又作竖刁。寺人，宫中侍御的宦官。貂，人名。漏师：泄露军事机密。多鱼：地名，具体不详。㉒桑田：虢国地名，在今河南省灵宝市境。㉓鉴：镜子。㉔疾：罪恶。㉕易：轻视。㉖五稔：五年。稔，谷物一年一熟，称为稔。㉗斗章：楚国大夫。聃伯：郑国大臣。

【译文】

二年春季，诸侯在楚丘筑城后把卫国封在那里。《春秋》没有记载诸侯会见一事，是因为鲁国迟到了。

晋国的荀息请求以屈地出产的马匹和垂棘出产的玉璧为代价，向虞国借道以攻打虢国。晋献公说：『这两种东西是我的宝贝。』荀息回答说：『如果能向虞国借了道，这些东西放在虞国，就好像放在我国的外库里一样。』献公说：『虞国有宫之奇啊。』荀息回答说：『宫之奇的为人，一向是懦弱而不能力谏；而且他从小就和虞君在一起长大，虞君对他非常亲近，即使他进谏，虞君也不会听。』于是献公就派荀息前往虞国借道，说：『昔日冀国无道，无故从颠軨入侵，围攻贵国鄍邑的三面城门。我国攻打冀国，从而使其受到削弱，也是为了国君，并非为我们自己。现在虢国无道，在旅馆客舍里筑起了碉堡，用以攻打我国的南部边境。现特地请求贵国能够借道，以便让我们前往虢国兴师问罪。』虞公答应了，并且请求先去攻打虢国。宫之奇劝阻，虞公不听，随后发兵攻打虢国。夏季，晋国的里克、荀息领兵会同虞军攻打虢国，灭亡了下阳。《春秋》把虞国写在前面，是因为虞国接受了晋国的贿赂。

秋季，齐桓公、宋桓公和江国、黄国的国君在贯地结盟，因为江、黄两国已经归顺了齐国。

齐国的寺人貂在多鱼一地开始泄露军事机密。

虢公在桑地打败了戎人。晋国的卜偃说：『虢国定将灭亡。被灭掉了下阳还不害怕，反而又出兵征战，这是上天故意夺去了它们的镜子，使其见不到自己的丑恶，从而加重它们的罪恶。这样它必定会轻视晋国而不爱护百姓，它难以坚持五年。』

冬季，楚国人讨伐郑国，楚大夫斗章囚禁了郑国的聃伯。

僖公三年

传　三年春，不雨。夏六月，雨。自十月不雨至于五月，不曰旱，不为灾也。

秋，会于阳谷①，谋伐楚也。

齐侯为阳谷之会，来寻盟。冬，公子友如齐莅盟。

楚人伐郑，郑伯欲成，孔叔不可②。曰：『齐方勤我③，弃德不祥。』

齐侯与蔡姬乘舟于囿④，荡公⑤。公惧，变色。禁之，不可。公怒，归之，未之绝也⑥。蔡人嫁之。

【注释】

①阳谷：齐国地名，在今山东省阳谷县北。②孔叔：郑国大夫。③勤我：即帮助我。勤，劳。④蔡姬：蔡女，齐桓公夫人。囿：苑，即园林。⑤荡：摇荡。⑥未之绝：尚未断绝关系。

【译文】

三年春季，鲁国没有下雨，直到夏季六月才下雨；从十月开始又不下雨，直到第二年五月。《春秋》记载只说『不雨』，没说旱，是因为没有造成灾害。

秋季，齐桓公、宋桓公、江国国君、黄国国君在阳谷会见，谋划攻打楚国。

齐桓公为阳谷盟会一事来鲁国重温旧好。冬季，公子友到齐国参加盟会。

楚军讨伐郑国，郑文公打算和楚国讲和，孔叔不同意。他说：『齐国现在正在为援救我国而奔忙，抛弃他们的恩德是不好的。』

齐桓公和夫人蔡姬在园林中乘船游玩，蔡姬摇动船身，使桓公左右晃动。桓公非常害怕，脸色都变了，让她停下，蔡姬不听。桓公极为恼火，就把她送回了蔡国，但没有和蔡国断绝关系。不久，蔡国把蔡姬改嫁到了别国。